# QUEM VOCÊ PENSA QUE É?

Michelle Brock

# QUEM VOCÊ PENSA QUE É?

**Como suas vidas passadas podem te ajudar a construir um futuro melhor**

*Tradução*
Ana Maria Fiorini

academia

Título original: *Who Do You Think You Are?*

*Preparação:* Marianna Muzzi
*Revisão:* Fernanda Guerriero Antunes e Fernanda Marão
*Projeto gráfico e diagramação:* Gisele Baptista de Oliveira
*Capa:* Túlio Cerquize
*Imagens de miolo:* Gebbi Mur/Shutterstock, Ietice/Shutterstock, Jahida Akter/Shutterstock, Hunter Leader/Shutterstock, AAVAA/Shutterstock, Ilkin Abbaszade/Shutterstock, VBrand/Shutterstock, Elena Di/Shutterstock, Anatolir/Shutterstock, Ankit RK Garg/Shutterstock, freepik

DADOS INTERNACIONAIS DE CATALOGAÇÃO NA PUBLICAÇÃO (CIP)
ANGÉLICA ILACQUA CRB-8/7057

Brock, Michelle
Quem você pensa que é? / Michelle Brock ; tradução de Ana Maria Fiorini. – São Paulo : Planeta do Brasil, 2025.
224 p. : il.

ISBN 978-85-422-3692-7
Título original: Who Do You Think You Are?

1. Autoajuda 2. Reencarnação 3. Autoconhecimento 4. Espiritualidade I. Título II. Fiorini, Ana Maria

25-2445 CDD 133.9013

Índice para catálogo sistemático:
1. Autoajuda

MISTO
Papel | Apoiando o manejo florestal responsável
FSC® C019498
FSC www.fsc.org

Ao escolher este livro, você está apoiando o manejo responsável das florestas do mundo

2025

Editora Planeta do Brasil Ltda.
Rua Bela Cintra, 986, 4º andar - Consolação
São Paulo - SP - 01415-002
www.planetadelivros.com.br
faleconosco@editoraplaneta.com.br

Para Skyler e Jesse, meus dois maiores professores.

# SUMÁRIO

# INTRODUÇÃO

Todos nós já passamos por isso.

O que quero dizer é que todos nós já vivemos em outras formas, outros corpos, outros lugares e outros tempos. Sim, estou falando sobre reencarnação.

Reencarnação – o conceito de que todos nós temos um passado que aconteceu em outras vidas – é algo em que passei a acreditar. Não cresci com essa ideia. Na verdade, fui criada em uma tradição que rejeitava completamente esses conceitos.

Mas cheguei à reencarnação da maneira mais poderosa possível: por minha própria experiência.

Vidas passadas podem ser lembradas e experienciadas. Eu me recordei das minhas vidas passadas, cujos detalhes revelaram que fui de raças, etnias, religiões e até gêneros diferentes do que sou hoje.

Ao longo dos anos, também ajudei a guiar milhares de indivíduos na experiência do seu passado. Trabalhei com pessoas de todas as origens e crenças, e muitos elementos da viagem da alma por suas vidas parecem ser universais, ou, ouso dizer, humanos.

Nossas vidas passadas não são antigas, etéreas ou distantes, não têm nada a ver com o agora. Na verdade, são uma parte de nós. De fato, nossas vidas passadas compõem exatamente quem somos hoje. Elas vivem em nossas mentes inconscientes, impactando nossas escolhas, preferências e estados emocionais. Elas criam os nossos medos. E regem nossos padrões de pensamentos negativos e a formação de nossos sistemas de crenças limitantes.

Descobrir suas vidas passadas tem a ver com aprender a navegar pelas águas muitas vezes tempestuosas da mente. Suas vidas passadas estão lá, logo abaixo da superfície. Acessá-las é só uma questão de saber onde procurar.

Este livro funcionará como um guia para que você consiga localizar essas vidas passadas e encontrar as memórias de quem você era antes.

Mas e depois? Depois que souber a história de seu próprio passado, como você pode aplicar esse conhecimento na sua vida *aqui*, na vida que está vivendo agora?

Embora o conhecimento da história seja interessante, acredito que aquilo que mais importa é esta vida, o agora, bem como o futuro que estamos criando. Se já ficamos mais velhos e mais sábios há muito tempo, como podemos usar essa sabedoria para navegar por nossas vidas hoje?

Este livro mostrará a você como usar suas vidas passadas como uma ferramenta para descobrir sua verdadeira identidade, aquela que não tem nada a ver com o corpo que você ocupa agora ou com a vida que está vivendo atualmente. Essa nova identidade, como uma alma, e não um corpo, pode ajudar você a encontrar paz no momento presente, a mudar a maneira como olha para si mesmo e para os outros e a construir um novo futuro para você que esteja livre do seu passado.

Você leu certo.

Você está criando o futuro. Quero que você saiba que aquilo que está por vir ainda não foi determinado. É verdade que algumas coisas vão acontecer, ou estão "fadadas" a acontecer, mas o caminho à sua frente ainda não foi traçado. Você está criando ativamente esse futuro com cada um dos seus pensamentos, palavras e ações. Acredito que não exista sina, e sim um princípio chamado destino.

Sina é algo para o qual só podemos olhar em retrospectiva, já o destino exige ação. O destino também contém uma dimensão espiritual. Ouvimos expressões como "tomar o destino nas mãos", que significa reunir coragem ou encontrar fé para ter determinada iniciativa. Significa a tomada de uma ação que representa outro passo adiante em sua evolução, rumo ao seu propósito.

Esse, aliás, não é apenas o propósito da sua vida. Seu destino é o propósito da sua alma. Ao limpar algo do seu passado que o esteja impedindo de avançar e compreender melhor quem você realmente é, você pode tomar nas mãos esse propósito divino e o futuro que reflete seu destino mais elevado. Esse futuro refletirá sua sabedoria, cura e compreensão recém-encontradas e lhe trará toda a felicidade, amor e alegria que você poderia encontrar nesta vida.

Todos nós podemos trabalhar juntos para mudar o futuro em favor da coletividade, na nossa comunidade, no nosso país e em todo o planeta. Descobrir sua verdadeira identidade ao compreender suas vidas passadas pode ajudá-lo a dar uma guinada que propiciará um novo futuro para toda a humanidade.

Que este livro seja útil para você, para sua família, para todas as vidas que você toca e para todos os seres em todos os lugares.

Com amor,
**Michelle Brock**

# COMO USAR ESTE LIVRO

Minha intenção ao escrever este livro é dar a você, meu caro leitor, uma chance de experienciar suas vidas passadas. Primeiro, porém, quero compartilhar alguns pontos importantes que você deve saber sobre esse processo:

- Cada um experiencia memórias de vidas passadas do seu jeito.
- Você pode se ver claramente, em detalhes vívidos, ou pode apenas perceber impressões rápidas.
- Algumas pessoas não "veem" nada, mas têm um "conhecimento" ou uma sensação interior sobre o que está acontecendo.
- Outras descrevem a experiência como se alguém estivesse lhes contando o que está acontecendo ou narrando uma cena.
- É necessário se concentrar em todos os seus sentidos ao fazer qualquer exercício de vidas passadas, pois

você pode se surpreender com quais sentidos são específicos para você.

- Emoções fortes, cheiros, sons, diferenças de temperatura e texturas fazem parte da experiência.
- Não é incomum que alguém que esteja descobrindo uma vida passada pela primeira vez sinta como se toda a experiência ou parte dela tenha sido imaginada.
- Às vezes uma pessoa vai questionar a fonte do material, acreditando que ele pode ter vindo de um filme a que ela assistiu ou de algum outro lugar ou evento.
- É fundamental saber que a mente subconsciente trabalha frequentemente com símbolos, um fenômeno com o qual estamos bastante familiarizados em virtude dos nossos sonhos.
- Lembre-se de manter a mente aberta e não analisar ativamente a experiência enquanto estiver nela.
- Você aproveitará melhor o processo se se entregar enquanto ele se desenrola. Mais tarde haverá bastante tempo para análises e interpretações.
- Certas memórias ou imagens experienciadas durante a regressão a vidas passadas podem representar eventos traumáticos, passíveis de evocar reações emocionais intensas ou angústia.
- Essas imagens emocionalmente carregadas costumam ser úteis na facilitação do *insight*, da compreensão e da cura, embora também possam ser dramaticamente perturbadoras.
- Recuperar memórias de vidas passadas não é algo que deve ser empreendido com leviandade. Deve ser

feito por alguém que esteja fundamentado e pronto para lidar com quaisquer questões que venham a surgir. Idealmente, você é alguém com um senso saudável de si mesmo nesta vida e que não está lutando com nenhuma questão ou sintomas de saúde mental que possam inadvertidamente ser exacerbados por meio desse processo. Se estiver em dúvida, por favor, consulte um profissional qualificado antes de embarcar nessa jornada.

- Acessar memórias de vidas passadas é uma experiência inteiramente voluntária.
- Se em qualquer momento a experiência se tornar desconfortável demais ou você sentir que não deseja continuar, você pode simplesmente abrir os olhos e o processo vai parar.
- Muitas pessoas não experienciam memórias de vidas passadas imediatamente; precisam praticar com o tempo. Se esse for o seu caso, não desanime! Siga em frente e tente de novo em outro momento.
- Muitos fatores podem influenciar a habilidade de uma pessoa de experienciar memórias de vidas passadas, incluindo a capacidade individual de relaxamento e imaginação; estar cansado, com fome ou distraído; ou se pressionar demais para ter essa experiência.
- Incentivo você a relaxar o máximo que puder e a não ser duro consigo mesmo se não acontecer da primeira vez.
- Continue tentando e permita que esse processo se desenrole à sua própria maneira e tempo.

parte um

# HONRE O PASSADO

capítulo 1

# VOCÊ NÃO É SEU NOME

Imagine que você está participando de uma conferência importante em um espaço gigante, como o salão de um hotel, e centenas de pessoas estão na fila para entrar. Quando você chega perto da entrada, vê uma mesa com um monte de canetas e etiquetas nas quais se lê: "Olá, meu nome é ............................................................................................".

Antes de entrar na sala cheia de estranhos, você escreve seu nome em uma etiqueta, o que possibilita se identificar para possíveis amigos ou colegas sem ter de dizer uma única palavra. Quão aliviado você se sente por poder usar essa etiqueta de identificação? Quão feliz fica por poder ler com facilidade os nomes dos outros nessa conferência antes de começar uma conversa?

Ao escrever seu nome, você reivindica e exibe sua identidade, o que confere a você uma presença humana entre a multidão.

Nosso nome é a primeira maneira de criarmos uma identidade. Começa quando nascemos, ou mesmo antes, enquanto nossos pais nos imaginam e imaginam quem poderemos nos tornar. De muitas maneiras, o processo de pensar em um nome para um bebê que ainda não nasceu o torna real – o fato de que você está prestes a criar e a educar um ser humano.

Isso é verdade, quer um bebê seja ou não planejado. Uma criança nasce nesta vida e recebe um nome. Apesar de termos vivido muitas vezes antes, com frequência nosso nome é o que primeiro nos confere nossa humanidade. Como você já viveu antes, em vidas passadas, teve nomes diferentes em outros tempos, lugares e corpos. E, quando você morreu, deixou para trás aquele nome, junto com aquele corpo, para continuar sua jornada rumo à sua próxima vida.

Contudo, quando você estava vivo naquela vida passada, seu nome era a maneira pela qual você se conectava com seu próprio senso de si, ou sua identidade, exatamente como agora. Os nomes refletem a origem, a cultura e o modo como os pais e a família querem que seus filhos sejam vistos. Em geral são uma linha direta com seus ancestrais, talvez tendo um dia pertencido a um avô, a uma tia ou a outro membro querido da família, escolhido para ser reverenciado nessa nova criança. Alguns até mesmo têm o nome do pai ou do avô e são chamados de "júnior" ou "neto".

Culturas diferentes em todo o mundo têm tradições próprias ligadas aos nomes. Na China, o costume é que o sobrenome (ou nome de família) venha primeiro, antes do nome dado ao indivíduo. Na Espanha e na América Latina, os bebês costumam receber dois sobrenomes, um do pai e outro da mãe, prática que garante que o sobrenome materno continue vivo na criança (e isso resulta em alguns nomes bem longos!).

Muitos nomes contêm uma referência a uma cultura específica, o que ajuda a manter a identidade em um grupo ou etnia. Na África do Sul, os Zulus costumam dar à criança um nome que representa as circunstâncias ligadas à época ou ao lugar onde ela nasceu, como o local de nascimento, o que estava acontecendo na aldeia ou família na época, ou no dia da semana. Esses nomes Zulus podem incluir as intenções ou os desejos dos pais para a criança, a vida dela e o lugar que esperam que ela ocupe na comunidade.

Os nomes muitas vezes têm definições ou significados, e muitos futuros pais passam seu tempo absortos em livros de nomes de bebês, procurando a opção certa para dar o tom que desejam à vida de seu filho.

Pense por um momento em como você recebeu seu nome, se você conhece a história. Se você não a conhece e tem um pai, mãe ou membro da família a quem pode perguntar, eu o incentivo a ter essa conversa.

Qual foi a inspiração para o seu nome? Qual é o significado do seu nome?

Tire um minuto para pensar sobre seus próprios sentimentos em conexão com o seu nome. Você gosta do seu nome? Consegue se identificar com ele com facilidade? Não é incomum que as pessoas mudem seus nomes para algo que sentem que está mais alinhado com quem elas são ou que usem um segundo nome ou apelido. Pergunte a si mesmo se seu nome representa quem você é neste momento, na sua vida atual.

Dar um nome a uma criança em razão de uma associação positiva – uma ideia que pode se traduzir em sentimentos de positividade sobre si mesmo ou seu caminho na vida – é algo comum a quase todas as culturas. Escolhi os nomes dos meus dois filhos com base nas minhas próprias associações positivas com esses nomes, com significados que eu achava que os colocariam em um caminho rumo à felicidade e ao sucesso.

## HORA DO DIÁRIO

À medida que avançar na leitura, pense em fazer um diário para registrar seus pensamentos. Não importa a forma, contanto que seja mais conveniente para você: escrito à mão em um caderno, digitado em um arquivo de processamento de texto ou registrado no aplicativo de Notas ou Voice Memos do seu telefone, por exemplo.

Faça as seguintes perguntas a você mesmo:

- O que seu nome significa? (Se não souber, pode pesquisar!)
- Você se identifica com seu nome e o significado dele? Como? E como não?
- Por que seus pais escolheram dar a você esse nome específico?
- De que maneira você sente que seu nome influenciou sua jornada pela vida até agora?
- Existe alguma coisa no seu nome que você mudaria ou acrescentaria?

Muitos nomes têm origem na natureza, inspirando-se em flores, árvores e ervas. Outros são escolhidos porque descrevem qualidades desejáveis, como força, integridade ou fé, com o desejo de que a criança assuma essas características.

Muitas tradições religiosas escolhem um nome que representa um santo ou uma figura religiosa, na esperança de que a criança os emule ou até mesmo receba sua orientação e proteção. É por isso que nomes como Maria, José, Josué, Moisés, Jesus e Maomé são tão comuns.

Geralmente os nomes são considerados sagrados, e o ato de dar um nome a uma criança às vezes é marcado por uma cerimônia ou ritual. Na tradição judaica, o bebê recebe um nome hebreu em uma cerimônia formal da qual participam a família e os amigos. A crença em torno dessa cerimônia é de que a alma do bebê não se vincula plenamente ao corpo dele até que ele tenha um nome. Apenas então a alma daquela criança se compromete com o corpo para viver sua vida. O nome representa a vida que os pais da criança desejam para ela. Para os meninos, a cerimônia de nomeação é realizada oito dias após o nascimento; para as meninas não existe um momento específico, mas costuma acontecer nas primeiras semanas de vida.

A tradição islâmica também tem um costume sagrado de nomeação, em geral realizado no sétimo dia de vida. No Japão, ele também acontece no sétimo dia, quando o pai escreve o nome e a data de nascimento em um pedaço de papel e o coloca à vista de todos. Na Gâmbia e no Senegal, a nomeação é celebrada com uma grande festa, durante a qual o líder espiritual ou o ancião da tribo sussurra o nome no ouvido do bebê repetidas vezes. Isso ocorre no oitavo dia após o nascimento.

Algumas tradições nativo-americanas consideram que os nomes são fluidos e podem mudar a qualquer momento. É um reconhecimento da ideia de que o nome de uma pessoa é a personificação de seu potencial ou de sua jornada, que pode mudar conforme o crescimento e a evolução dela. Por exemplo, se um membro tribal supera uma dificuldade ou obtém uma grande conquista, ele pode ganhar um novo nome que descreva essa nova versão dele. Essa tradição inspira cada indivíduo a olhar para quem ele se tornará no futuro, em vez de carregar o nome de um ancestral e o peso do passado. Eu adoro essa ideia porque todos estamos continuamente evoluindo e crescendo.

## REVISIONISMO HISTÓRICO

Em muitas culturas, é costume mudar de nome, ao menos em parte, após um evento significativo na vida, refletindo a ideia de que certas situações podem alterar a natureza ou o caráter de um indivíduo. Por exemplo, muitas pessoas trocam de nome após se casar, se divorciar ou enviuvar. Ou talvez após chegar à maioridade, experienciar um rito de passagem ou alcançar uma conquista na vida.

Em algumas comunidades judaicas, se alguém fica muito doente, a família pode mudar o nome dessa pessoa, na esperança de que isso inspire melhoras na sua condição. Na China, o nome de uma criança às vezes é mudado para melhorar a sorte dela na vida.

Quais são alguns dos momentos cruciais da sua vida até agora que o transformaram de forma profunda? Qual novo nome (se houver algum) você se daria relacionado a cada divisor de águas? Como esse novo nome reflete a pessoa que você se tornou após esse evento?

Ouvi muitas pessoas compartilharem histórias especiais sobre como escolheram um nome para o filho ou a filha. Alguns desses relatos incluem ver ou encontrar algo único e inesperado, como um animal ou uma pedra. Uma mãe, durante uma caminhada na floresta, encontrou algo que achava ser vidro, mas que mais tarde se revelou ser um pedaço de âmbar. Ela considerou aquele um momento especial, pois parecia ser algo que ela estava destinada a encontrar. Quando sua filha nasceu, ela lhe deu o nome de Amber.

Também escutei histórias de futuros pais que afirmam ter recebido o nome de seu filho ou filha em um sonho. Muitas culturas acreditam que, quando uma mulher está grávida, especialmente quando o momento do parto está próximo, o véu que separa o mundo físico e o mundo dos espíritos fica mais leve. Uma futura mãe pode conseguir tocar outras dimensões da realidade, e, assim, estar mais aberta a receber mensagens de fontes divinas, incluindo a de ser "presenteada" com um nome.

Atribuímos nomes às pessoas que amamos como palavras carinhosas ou maneiras de demonstrar afeto àqueles que nos são próximos. Apelidos que surgem após um evento, uma memória compartilhada ou mesmo uma piada interna solidificam e mantêm fortes os laços entre as pessoas. Tenho alguns apelidos para meus dois filhos que costumam fazê-los rir ou se sentir amados quando os emprego. Palavras como *querido*, *queridinho*, *bem*, *amor* ou *amorzinho* costumam ficar reservadas para as pessoas mais próximas de nós. (Não recomendo se dirigir a um estranho dizendo "Oi, amorzinho".)

O que quero dizer é que os nomes, e como nós os usamos, importam. Nossos nomes são a maneira como nos conectamos conosco e interagimos com os outros. Um nome é muito mais do que aquilo pelo qual você é chamado.

Seu nome é uma fonte de empoderamento pessoal. É como você se identifica. É a resposta "Eu sou" à pergunta "Quem é você?". Mesmo que nossa existência não comece nem termine nesta vida, e apesar de termos muitas vidas em muitas formas diferentes, seu nome *nesta* vida é como você se relaciona com seu senso de si neste momento.

A maioria das pessoas gosta de ouvir o próprio nome porque isso as faz se sentir vistas, reconhecidas e validadas. É por isso que vendedores e profissionais de atendimento ao cliente bem-sucedidos compreendem o poder de usar o nome de alguém. Isso faz com que a pessoa sinta que está sendo tratada como um ser humano, e não como um número, um dossiê ou um perfil demográfico.

Isso também funciona no sentido inverso. Se você pronunciar errado ou esquecer o nome de alguém, essa é a maneira mais rápida de fazer com que essa pessoa sinta que você não se importa com ela. De fato, uma tática usada ao longo da história para despojar uma pessoa de sua força e conexão com sua humanidade tem sido retirar o nome dela. Durante a escravatura nos Estados Unidos, um dos maiores crimes contra a humanidade de toda a nossa história, muitos africanos e afro-americanos escravizados eram registrados apenas por seu gênero e idade, com o objetivo de desumanizá-los. Livros-razão de escravizados, que consistiam nos registros oficiais das pessoas que um proprietário escravizava, geralmente não informavam o nome da pessoa, apenas a idade e o sexo, ou talvez o sobrenome do seu escravizador. Como resultado, tornou-se quase impossível para os afro-americanos a tarefa de rastrear sua ancestralidade a algum momento anterior à Guerra Civil. Omitindo seus nomes, os comerciantes e proprietários de pessoas escravizadas achavam mais fácil não os ver como seres humanos com sentimentos, esperanças, desejos e sonhos.

Essa desumanização também acontece quando você força alguém a mudar de nome, como quando crianças nativo-americanas que haviam sido tiradas de suas famílias foram obrigadas a adotar nomes cristãos, durante boa parte do século 20. No período do Holocausto, prisioneiros de certos campos de concentração recebiam números e não eram chamados por seus nomes. Quando uma pessoa é transformada em alguém sem nome, é mais fácil fingir que ela não é digna da mesma humanidade que uma pessoa cujo nome conhecemos e pronunciamos. Na verdade, muitos memoriais são listas simples, mas poderosas, de nomes, como o Monumento aos Veteranos do Vietnã, em Washington, DC, e o Memorial do Holocausto da Nova Inglaterra, em Boston.

Um dos lugares mais incríveis que já visitei foi o Templo de Apolo no Monte Parnasso, na Grécia, estrutura considerada um lugar sagrado por muitos séculos. Era o lar da Pitonisa, um dos oráculos, ou videntes, mais famosos do mundo antigo, figurando nas obras de Plutarco, Ovídio, Sófocles, Platão e Aristóteles. Também era o lugar que as pessoas visitavam quando queriam libertar um escravizado: ele se tornava livre após seu mestre inscrever seu nome na pedra na base do templo. A ação não tinha apenas um peso simbólico, mas também forjava um registro permanente que provava que a pessoa nomeada de fato era livre.

Os caracteres e as letras que compõem os milhares de nomes gravados na pedra ainda estão visíveis. Cada nome representa uma pessoa cuja vida foi completamente alterada no momento em que seu nome foi escrito. Há muita humanidade inscrita naquelas pedras. A pedra representa a permanência. Gravamos os nomes das pessoas que amamos em lápides após a morte delas para que não sejam esquecidas. Também usamos nomes em outros memoriais, como ruas, edifícios, pontes e escolas. Se o nome permanecer, o mesmo acontecerá com a memória ou o legado da pessoa que carregava aquele nome.

Quando queremos nos lembrar de uma pessoa que já morreu ou tem um legado que não deveria ser esquecido, nós nos certificamos de que seu espírito e aquilo que ela representa para nós continuem vivos pronunciando seu nome. Dizendo seu nome, sentimos sua presença mesmo depois de terem partido.

Estabelecemos, assim, que um nome é a chave para sua identidade, seu poder e sua individualidade. Agora esqueça tudo isso. Você não é o seu nome.

Independentemente de como se chama agora, você já viveu antes, em corpos e com nomes diferentes. Você já foi muitas pessoas, todas com identidades únicas. Isso não significa que a importância do seu nome seja, de alguma maneira, menor. Todos aqueles outros nomes também representaram um indivíduo, uma jornada e uma vida. Essas *personas* de vidas passadas também experienciaram amor, alegria, dor, decepção e tudo o que é inerente à condição humana.

Com certeza você tem algumas perguntas a me fazer.

Provavelmente está pensando no motivo pelo qual fiz uma defesa tão enfática da importância do seu nome, para então lhe dizer que você não é o seu nome. É verdade que um nome contém identidade, humanidade, uma vida e, como você tem tudo isso, eu quero que você saiba que também teve essa mesma profundidade de existência em todas as suas vidas passadas. Quero que você comece a pensar nas suas vidas passadas como algo menos teórico ou etéreo, e mais em termos de descobrir a pessoa que você foi – e ainda é.

Quero que as suas vidas passadas se tornem pessoas reais para você. Essas pessoas tinham nomes, certamente. Mas quem eram elas? Quais eram os seus desejos? E o que realizaram? O que as deixou orgulhosas? Quais foram seus fracassos ou limitações? Quem elas amaram? O que elas valorizaram?

É verdade que as suas *personas* de vidas passadas viveram, bem, no passado, em outros países, com gêneros diferentes, inseridas em outras culturas. Vamos entrar nos pormenores de tudo isso em mais detalhes mais à frente, mas, por ora, apenas considere os indivíduos que você foi antes.

Dê aos seus eus de vidas passadas o poder, a individualidade e a humanidade de terem nascido em uma família que deu a eles um nome. Isso não significa que você deveria exigir que sua família e amigos comecem a chamá-lo por um de seus antigos nomes. Aquela vida chegou e foi embora; está no passado. Você está vivendo de novo, em um novo corpo, com uma nova vida aqui na Terra, e com um novo nome.

## MOMENTO MEDITATIVO

Encontre um lugar confortável para se sentar ou se deitar, onde você não será interrompido.

Feche os olhos e inspire profundamente algumas vezes. Faça o possível para relaxar.

Agora, imagine que você está em uma casa enorme, com muitos e muitos cômodos.

Conforme caminha por essa casa, você para e visita cada cômodo. Em cada um deles, você descobre uma pessoa diferente.

Essas pessoas representam os seus eus de vidas passadas. Permita que sua imaginação vagueie, corra livremente, sem se preocupar com o que é real ou imaginado.

Talvez seus eus de vidas passadas estejam fazendo coisas do cotidiano, como cozinhar, descansar ou dormir.

Ao assistir a si mesmo em vidas passadas, olhe em volta de cada cômodo em que entrar e observe os detalhes.

Como as paredes são decoradas?

Quais línguas são usadas nas capas dos livros?

Que roupas as pessoas estão usando?

Elas parecem saudáveis e felizes, ou parecem estar passando por dificuldades físicas ou emocionais?

À medida que visita as pessoas em cada cômodo, fale com elas mentalmente. Pergunte seus nomes e espere que elas respondam.

Quando concluir esse exercício, escreva os detalhes que observou e os nomes das pessoas – suas encarnações – que encontrou.

Pronto. Agora, algumas de suas vidas passadas têm nomes.

Pelo fato de você ter tido outros nomes, você *não* é o seu nome. Você teve muitos, muitos nomes. Ao pensar nas suas vidas passadas como indivíduos que também tiveram nomes, você confere a essas pessoas dignidade, individualidade, poder e humanidade. Talvez, ao abraçar seus eus passados dessa maneira, você consiga apreciar melhor quem é aqui e agora.

Funcionou? Se não tiver funcionado, não se preocupe! Às vezes, exercícios como esse exigem prática e, em alguns dias, você estará mais relaxado e aberto a imaginar seus eus passados do que em outros. Você pode tentar novamente se não tiver conseguido ver os cômodos ou as pessoas dentro deles. Tenha em mente que algumas pessoas simplesmente não são visuais e não usam o olho da mente; é comum que, em vez disso, usem seu conhecimento interno. Então, se você não tiver visto nada dessa vez, tente de novo e talvez "simplesmente saiba" quem está nos seus cômodos.

Você pode experienciar sua própria imaginação de muitas maneiras.

## FERRAMENTAS PARA DESENVOLVER

**APRENDA SEUS "*CLARIS*"**

Todos nós somos intuitivos. Sim, alguns de nós nasceram com um dom um pouco mais ampliado nessa área, mas qualquer pessoa que se interesse por isso é capaz de aprender e desenvolver essas habilidades.

De fato, todos nós temos experiências intuitivas ou psíquicas o tempo todo, mesmo que nossa cultura não fale abertamente sobre como elas são comuns. Por exemplo, um sonho é uma experiência psíquica, assim como um pressentimento que você tem sobre alguma coisa. Muitos de nós sentimos presenças ou o que chamamos de vibrações ou energia.

Descobrir memórias de suas vidas passadas também é uma experiência intuitiva, que acredito estar à disposição de quase todas as pessoas – desde que você esteja disposto a ter paciência e a aprender como fazê-lo.

Todos nós temos maneiras únicas de experienciar informações intuitivas. Alguns "veem" coisas na própria mente, enquanto outros sentem ou apenas sabem. Algumas pessoas ouvem uma voz falando com elas, sentem o cheiro de algo cuja fonte não conseguem identificar ou um gosto que as alerta para algo de que precisam tomar consciência ou que necessitam prestar atenção.

Todos nós temos cinco sentidos, mas também gostamos de ter em conta nossos sentidos extras, usados para detectar informações intuitivas. Todas as experiências intuitivas envolvem percepção extrassensorial, ou PES, mas não existe apenas um "sexto sentido".

Estamos constantemente *descobrindo* maneiras pelas quais o cérebro humano percebe informações, de modo que essa lista de sentidos extras não é exaustiva e vai mudar conforme o desenvolvimento de nossa compreensão sobre a intuição e do modo como ela funciona. Os "*claris*" que conhecemos incluem:

- clarividência, ou "visão interna";
- clarissenciência, ou "sentimento claro";
- claricognição, ou "saber interno";
- clariaudiência, ou "audição interna";
- clariolfato, ou "olfato interno";
- clarigustação, ou "paladar interno".

Pense por alguns instantes sobre cada um desses "*claris*". Você consegue se lembrar de ter experienciado cada um deles em um sonho ou momento de meditação, em uma caminhada ou passeio de carro, ou simplesmente em algum momento aleatório?

Você já viu alguma coisa acontecer em um sonho? (Se sim, isso é clarividência.) Ou já conheceu alguém em quem simplesmente sabia que não devia confiar? (Isso é claricognição.) Já ouviu uma voz que parecia vir de dentro da sua própria cabeça? (Clariaudiência.) Alguém já disse alguma coisa para você que parecia tão verdadeiro que você sentiu um frio na barriga? (Clarissenciência.) Você já entrou em um cômodo que tinha uma vibração ruim e então percebeu um gosto estranho e metálico na boca? (Clarigustação.) Finalmente, já sentiu o cheiro de um perfume, fumaça de charuto ou de alguma coisa cozinhando sem conseguir identificar a origem? (Clariolfato.)

Alguns de vocês terão notado apenas um ou dois deles, enquanto outros podem já ter experienciado todos eles. Cada um dos seus "*claris*" pessoais é a forma como você experiencia informações intuitivas, que incluem suas vidas passadas nas meditações e exercícios ao longo deste livro.

Então tome nota do seu (ou seus) "*claris*", porque eles são um indício das suas capacidades intuitivas singulares, e é aí que você deve focar quando quiser acessar seu conhecimento interno e sua própria intuição.

# capítulo 2

# VOCÊ NÃO É SUA APARÊNCIA

Quando foi a última vez que você se olhou no espelho? Talvez tenha sido hoje cedo, ao conferir seu reflexo como parte da sua rotina matinal. A maioria de nós tem alguns espelhos espalhados pela casa, os quais usamos regularmente; também os encontramos em espaços públicos, nos nossos locais de trabalho, nos nossos carros e até mesmo nas câmeras dos nossos telefones. De fato, os espelhos são tão comuns que você provavelmente olha para o seu reflexo com tamanha frequência que nem chega a pensar a respeito.

Um espelho é uma ferramenta que permite visualizar o que os outros veem quando olham para você. Ele oferece um reflexo da sua forma física, do seu corpo, do desenho anatômico figurativo que você conhece como você – seu rosto, feições, cabelos, membros e forma geral.

Na verdade, apesar de saber que já vivemos antes em muitas vidas passadas, a maioria de nós formou ao menos parte do nosso senso de si mesmo em torno da nossa aparência.

Ela está intimamente conectada com nossa identidade e com a maneira como pensamos em nós mesmos. Quando nos perguntam quem somos, podemos responder nos descrevendo em termos dos nossos traços físicos.

Talvez você se descreva como uma mulher alta com cabelos pretos cacheados. Ou um homem de estatura mediana, com um corpo atlético e ligeiramente calvo. Ou a loira magra ao lado do homem de cabelos escuros e olhos verdes. Você entendeu o que quero dizer.

## PARA FAZER PENSAR

Como você se descreveria para alguém que está tentando identificá-lo em uma multidão?

Quais características você listaria?

O que é singular em sua aparência?

Ao notar a preocupação da nossa cultura com os espelhos, talvez possamos perceber que essa fixação está refletindo uma verdade muito mais profunda: um fascínio persistente com a aparência física entranhado em nossa sociedade. Com o surgimento de tecnologias como a fotografia e o vídeo, as imagens visuais se tornaram imensamente proeminentes e importantes no nosso mundo. A invenção das redes sociais, combinada ao fenômeno da câmera em todos os telefones e à normalização da arte das *selfies*, criou o que se pode chamar de uma obsessão com a aparência.

Mas a questão é a seguinte: quem você é não tem nada a ver com seu corpo ou sua aparência. Quando você viveu antes, tinha traços totalmente diferentes, porque tinha um corpo sem relação com a vida que está encarnando agora. Quando uma vida termina, o corpo morre e deixa de existir. Mas *você* não deixa de existir. Quem você é de verdade vive em um novo corpo. Isso significa que sua aparência, ou como você se apresenta fisicamente, não é sua verdadeira identidade. Você pode considerar que seu reflexo mostra quem você é, mas isso é só o que você aparenta ser agora.

Tomar ciência de suas vidas passadas, com as características físicas variadas que você teve ao longo de muitas vidas, pode ajudá-lo a ver que se identificar com sua aparência é uma falsa identidade, porque esse é apenas um aspecto do quadro completo.

### SEJA CRIATIVO

Para celebrar o corpo que você tem agora, aquele que permite que você tenha a vida que está vivendo hoje, eu gostaria que criasse um autorretrato.

Pode ser um esboço, um desenho, uma pintura ou até uma fotografia de você mesmo.

Ao criar esse autorretrato, quero que você se concentre nas suas características e nos traços de que gosta e com os quais se sente mais confiante.

Qual é sua aparência em sua mente?

Não quero que você julgue seu retrato nem exagere demais na análise. Em vez disso, perceba como você se retrata e como se sente quando se concentra nas partes do seu rosto ou do seu corpo que, na sua opinião, são as mais bonitas e singulares.

Essa obsessão que temos com a aparência – e a crença de que nossa aparência constitui nossa identidade – não é um conceito novo. Quando exploramos a arte antiga de culturas de todo o mundo, é interessante observar que os retratos figurativos feitos para capturar a aparência ou as feições de alguém são quase tão antigos quanto a própria humanidade. Desenhos rupestres de 17 mil anos atrás já retratavam animais e humanos.

Com o tempo, à medida que as representações artísticas foram evoluindo, elas continuaram a retratar figuras literais e simbólicas, já que muitas obras de arte incluíam representações de deuses e deusas ou de outras figuras religiosas na forma humana. Durante séculos, apenas alguns poucos escolhidos e privilegiados tinham acesso à possibilidade de ser capturado em argila ou em tela, com o objetivo de exibir sua riqueza e poder.

É fácil imaginar que as pessoas nessas obras de arte olhariam para a própria imagem e pensariam: *Sim, esse sou eu*. Daquele momento em diante, aquela composição serviria de representação duradoura tanto da pessoa quanto da identidade dela no mundo. Famílias ricas e poderosas ainda costumam exibir os retratos de seus ancestrais em suas residências como forma de manter uma conexão com a identidade da pessoa falecida – e com a origem do seu prestígio.

É provável que, por meio desse processo de criação de arte, diferentes culturas tenham começado a estabelecer padrões de beleza ou características que eram consideradas desejáveis e atraentes. Os artistas, então, escolhiam realçar essas características nas suas representações de figuras divinas como Afrodite, Lakshmi, a Virgem Maria, Jesus, o rei Davi e Buda.

Quando contratados para pintar o retrato de um rei, uma rainha ou alguma outra pessoa importante, os artistas faziam pequenas alterações desse tipo para retratar seus modelos como mais desejáveis, talvez ajustando o formato e o tamanho de nariz, olhos, lábios, orelhas ou outras características para agradar o patrono (o Photoshop original!). Cada imagem tinha um forte senso de identidade e peso político, de modo que alterá-la reforçava o *status* da pessoa para que ela se tornasse mais divina, desejável e poderosa.

Mas, pelo fato de associarmos nossa identidade tão intimamente com nossa aparência, isso pode dar errado muito rapidamente, o que acontece com frequência. Se alguma de nossas características não atender àquilo que é aceito como belo em nossa cultura ou época, muito comumente vamos enxergá-la como falha ou imperfeição. Obviamente, esses padrões mudam com o tempo e diferem dependendo de várias circunstâncias, mas a verdade é que temos regras para o que é considerado atraente ou não.

Além disso, nossa aparência geralmente acaba se conectando com nossos sentimentos de valor inerente como pessoa. Existe hoje uma epidemia, sobretudo entre os jovens, de depressão, baixa autoestima e mesmo automutilação e suicídio devido a esses sentimentos complicados relativos à imagem corporal. Em nossa cultura capitalista de constante crescimento pessoal, não é fácil evitar a armadilha de tentar se encaixar em certo ideal. De fato, normalmente nos esforçamos muito para alterar nossa aparência na tentativa de nos encaixarmos melhor nesses padrões impostos, por meio de dietas, tratamentos a *laser*, exercícios da moda, pílulas e tônicos ou cirurgia plástica.

Muitos de nós sentimos dificuldade em envelhecer, porque nossa sociedade também promove a ideia de que beleza é um atributo da juventude. Mais e mais pessoas estão acordando para o fato de que com a idade vem a sabedoria, e pessoas em todas as fases da vida têm um papel fundamental a desempenhar em uma sociedade funcional. Mas ainda existe muito trabalho a ser feito para nos afastarmos da falácia de que alguém com o corpo "errado" tem menos valor. Muitos de nós ainda pensam que *somos* nosso corpo.

Uma vez trabalhei com uma mulher que estava lutando contra o envelhecimento e as mudanças corporais, especialmente após um divórcio traumático desencadeado pelo caso amoroso do marido com uma mulher muito mais nova. Depois de mais de vinte e cinco anos de casamento, ela de repente se viu solteira aos cinquenta e poucos anos, e só de pensar em se expor e voltar a namorar ficava arrasada.

Sob minha orientação, ela teve uma vívida experiência de vida passada como uma mulher de uma cultura tribal que viveu bem até os 90 anos. Ela descreveu que sentia seu corpo frágil, a magreza de sua pele, seus cabelos completamente brancos e seu rosto coberto de rugas. Mas ela era considerada uma sábia em sua aldeia, e se emocionou ao descrever quão reverenciada e respeitada havia sido.

Foi assim que ela compreendeu que com sua idade ela ganhara sabedoria, que era bonita e que seu corpo tinha certa graça após tê-la servido com saúde e força durante tantos anos. Após essa poderosa experiência de vida passada, ela decidiu abraçar sua beleza natural e acessar sua sábia interna, como uma mulher mais velha com muita sabedoria para compartilhar.

Pouco tempo depois, ela conheceu um homem que foi atraído por seu poder e confiança. Ela se casou novamente e agora está aproveitando a terceira idade com o amor da sua vida.

Certamente, é verdade que temos o poder de decidir como nos apresentamos e as escolhas que podemos fazer para alterar nossa aparência, com base em preferências pessoais. Podemos escolher o que vestir, qual é o nosso estilo pessoal e quais declarações de moda representam nosso eu interior ou personalidade. Podemos escolher como arrumar o cabelo, se o pintamos de um tom diferente e se o alisamos ou o cacheamos. Podemos usar nossas roupas e aparência como uma ferramenta para deixar nossa luz interna brilhar e representar como queremos que o mundo nos veja.

## TRABALHO DOS SONHOS

Antes de ir para a cama hoje à noite, eu gostaria que você passasse alguns minutos sentado em silêncio, firmando a intenção de ter um sonho significativo, que lhe permita ver e experienciar como é estar em um corpo diferente daquele que tem agora.

Não importa se você vai pedir que seus guias espirituais lhe concedam esse sonho ou se vai simplesmente consultar sua própria mente inconsciente. Peça a qualquer fonte que lhe parecer adequada.

Esse sonho pode ser um sonho de uma vida passada, no qual você tenha a experiência de estar em um corpo que já teve antes. Pode ser uma fantasia de um filme, livro ou peça de teatro. Ou você pode escolher ter um sonho da perspectiva de alguém que conhece.

Tenha em mente de que talvez isso não funcione logo de cara; então, tenha paciência e tente de novo outra noite se da primeira vez não tiver dado certo.

Quando você acordar, não se esqueça de registrar seus pensamentos e sentimentos a respeito de como se sentiu estando em um corpo diferente no sonho.

Certas alterações corporais, mais permanentes, possibilitam que nos expressemos, expressemos nossas crenças, nossas origens ou nossa cultura. Muitas pessoas fazem tatuagens ou *piercings*, que são expressões externas de como a pessoa escolhe se identificar ou mostrar seus laços com um grupo específico. Meu tio-avô tatuou um buldogue no antebraço durante a Segunda Guerra Mundial para demonstrar sua lealdade ao Corpo de Fuzileiros Navais.

Muitas culturas têm a prática de fazer tatuagens ou *piercings* para celebrar ritos de passagem e conquistas ou como uma maneira de se identificar como parte de uma tribo ou de um povo. É o caso dos Maoris da Nova Zelândia, das noivas indianas (que usam henna) e, historicamente, de alguns povos nativo-americanos (embora mais tarde essa tradição tenha sido eliminada pelos missionários). Entre alguns grupos étnicos da África, as tatuagens são vistas como uma forma de proporcionar proteção espiritual a uma pessoa, curar uma doença, mostrar afiliação a uma etnia específica e refletir os eventuais atributos de um indivíduo, como coragem, sabedoria e *status* social.

## CAVE MAIS FUNDO

Quais são as escolhas que você faz sobre como se apresenta?

Pense em como você se veste, como arruma o cabelo, nas tatuagens e *piercings* que tem etc. Que mensagem sobre sua personalidade ou estilo de vida esses elementos transmitem?

Agora pense em um período anterior de sua vida e considere como suas escolhas sobre sua aparência mudaram desde então.

Seu estilo mudou ou evoluiu?

Como essas mudanças internas refletiram seu senso de identidade?

A pessoa que você é hoje e a pessoa que você era nesse momento anterior da sua vida são a mesma?

De que maneira essas alterações que você fez em sua aparência e na forma como se apresenta fisicamente refletiram essas mudanças internas?

Muitas pessoas têm dificuldade em aceitar o próprio corpo, mas a ironia é que o corpo que você tem agora, aquele com o qual nasceu, foi o corpo que você *escolheu* nesta vida. Sim, você escolheu todas as circunstâncias do seu nascimento antes de reencarnar, incluindo a sua aparência. Acredito que você escolheu o corpo, incluindo todas as suas características e também seu gênero e expressões de gênero, que melhor o ajudaria a cumprir seu propósito e que lhe daria a melhor oportunidade de aprender e crescer.

Algumas pessoas são abençoadas com beleza, ou ao menos com o que a sociedade decidiu que é belo, e outras podem não o ser. Essas duas condições têm seus desafios. Mas, quando você percebe que já teve muitos corpos e aparências diferentes, então consegue ver que a beleza em todos nós é muito mais profunda que nossa pele, cabelo, olhos e feições.

Nossa beleza é inerente, é interna. Quando fica claro que você não é o seu corpo, a beleza interior brilha através de você, e você reconhece essa beleza também em outras pessoas.

Muitos de nós nos tornamos vítimas da identificação excessiva com nossa aparência, ou até mesmo ficamos obcecados por ela, o que pode criar uma identidade falsa que nos impede de nos conectarmos com a parte de nós que não é nosso corpo. Estou falando da sua alma. Sua alma é aquela luz interna que sobrevive à morte e reencarna em um novo corpo muitas vezes ao longo de muitas vidas diferentes. É o seu eu interior sábio e eterno.

Sua alma é o verdadeiro você. Não seu corpo.

O termo para "alma" em grego antigo é *psyche*, a raiz das palavras *psicologia* e *psicanálise*. Também pode ser traduzido como "espírito", "mente", "vida" ou "respiração", dando origem às palavras *psicótico*, *psicopata*, *psicodélico* e *psicológico*, as quais descrevem estados da mente.

## UM POUCO DE DIRECIONAMENTO

**NÃO IMPORTA QUE NOME VOCÊ DÁ PARA ISSO**

Muitas pessoas usam o termo *alma* ou *espírito* para descrever quem somos por dentro, ou a parte de nós que reencarna e vive muitas vidas. Mas você também pode chamá-la de seu eu interior; seu eu superior; seu eu autêntico; seu eu verdadeiro; ou sua consciência, essência, natureza ou ser.

Algumas pessoas preferem evitar termos que pareçam religiosos ou muito New Age, então se sinta livre para usar qualquer palavra que soe adequada para você. Não importa o nome usado, todos descrevem a mesma coisa.

Também obtemos dessa raiz o termo *psíquico*, que vem da palavra grega *psychikos*, ou "da alma". Os gregos, a exemplo da maior parte das culturas antigas, acreditavam que a mente e a alma eram a mesma coisa e que qualquer cura da mente também exigia a cura da alma, ou do espírito.

Após gerações de separação entre mente e corpo no paradigma da medicina ocidental, nós fechamos o círculo. Muitos profissionais hoje admitem uma abordagem integrada, com o entendimento de que a cura da mente também pode ser um processo espiritual, em vez de apenas tratar transtornos com drogas criadas para alterar o cérebro e o corpo físico. Na verdade, muitos médicos e cientistas se abriram para a ideia de que estão tratando não só um corpo, mas também uma mente e uma alma.

Agora, mesmo que você não seja seu corpo, porque você tem muitos outros corpos em suas muitas outras vidas, isso não significa que não precise do seu corpo. É absolutamente verdadeira a máxima de que seu corpo é um templo, porque atualmente ele está abrigando sua linda e eterna alma. Seu corpo é um veículo para executar o trabalho que você reencarnou no planeta Terra para realizar, e cuidar dele é vital, e não apenas necessário.

A analogia que gosto de fazer é que seu corpo é o carro e você (também conhecido como sua alma) é o motorista. Como motorista, você precisa regularmente trocar o óleo, verificar os freios, calibrar os pneus e se certificar de que tem combustível suficiente no tanque para chegar aonde deseja ir. É importante se concentrar em sua saúde e bem-estar, comer comidas nutritivas, exercitar-se, dormir o suficiente e ir ao médico para apoiar e sustentar seu veículo.

Nem todos nós nascemos com corpos saudáveis e vibrantes. E mesmo quando nascemos com um corpo forte e somos abençoados com boa saúde, às vezes, não por culpa nossa, nosso corpo não permanece assim. As pessoas têm deficiências, dores crônicas, doenças, questões autoimunes e muito mais. Alguns de nós nos sentimos mal ou ficamos doentes por muitos anos. Muitos de nós morreremos por causa de alguma doença, e nem todo mundo consegue aproveitar plenamente a vida como uma pessoa saudável.

Mas você escolheu o corpo com que nasceu nesta vida, uma decisão baseada em como poderia melhor aprender, crescer e alcançar seu propósito para reencarnar e estar aqui agora. Às vezes, escolhemos corpos que não são tão saudáveis e fortes para ter essa experiência para nos desafiarmos. Algumas vezes, esse desafio também se destina aos seus entes queridos e às pessoas ao seu redor, porque cuidar é uma lição e uma experiência significativa.

Sim, você é uma alma, mas está habitando um corpo e, embora descobrir sua alma e se conectar com ela seja um processo necessário, também é essencial que você encontre maneiras de estar presente no seu corpo. É mais fácil falar do que fazer. Costuma ser difícil estar totalmente presente no próprio corpo, como fica evidente pelas várias formas de escapismo com que muitos de nós nos envolvemos. Algumas pessoas usam drogas ou álcool para evitar ter de estar em seus corpos, ou gastam tempo demais diante de telas, tornando-se *workaholics* ou se exercitando em excesso.

## MOMENTO MEDITATIVO

**ESTEJA NO SEU CORPO**

Tire um momento e encontre um local confortável para se sentar, de preferência com seus pés no piso ou no chão à sua frente.

Feche os olhos e respire muito profundamente algumas vezes.

Inspire profundamente e expire completamente.

Enquanto respira, quero que você coloque sua atenção no seu corpo.

Como você se sente? Está cansado? Tenso? Relaxado?

Você sente alguma rigidez ou dor em algum lugar?

Quero que você se imagine enviando parte das suas respirações profundas para qualquer ponto ou área do seu corpo que você sinta que precise delas.

Agora quero que você coloque as mãos sobre as coxas, descansando-as levemente no colo.

Sinta suas coxas e perceba qualquer sensação que você talvez experimente ao se conectar com elas.

Agora se concentre no seu ísquio – o osso que apoia o corpo quando estamos sentados –, na sua pelve e na cadeira ou superfície na qual você está sentado ou recostado.

Perceba realmente como você está sentado e sinta a superfície se conectar com seu corpo.

Agora, quero que você coloque os dois pés de modo firme e uniforme no chão.

Sinta o piso ou chão sob você, bem como seus pés se juntarem à superfície sobre a qual estão descansando.

Quero que você se sente com seus pés no chão e com as mãos sobre as coxas, sentindo suas nádegas na cadeira ou na outra superfície por alguns minutos, enquanto continua a respirar profundamente.

Conecte-se profundamente com seu corpo e sinta quão presente você está dentro dele.

E envie um pouco de gratidão a esse veículo incrível, a forma física que sua alma está ocupando atualmente.

Quando você consegue aceitar que você não é sua aparência, nem mesmo seu corpo, pode construir uma nova identidade para si mesmo que inclua suas vidas passadas, quando você tinha feições, formas e tamanhos diferentes. Ame o seu corpo. Venere-o. Mas entenda que sua aparência não é você.

## MOMENTO MEDITATIVO

**ESPELHOS E ROSTOS**

Para este exercício, você vai precisar de um espelho. Pode ser um de mão ou um que esteja pendurado na parede. O tamanho também não importa.

Se puder, diminua a intensidade das luzes. Não quero que você fique na escuridão completa, mas sim com uma luz bem fraca. Talvez você possa fechar as cortinas ou persianas e acender uma vela.

Sente-se com seu espelho sob essa luz fraca em um local confortável.

Respire profundamente algumas vezes, relaxando o corpo e acalmando a mente.

Olhe no seu espelho e examine seu reflexo.

Continue a respirar profundamente, e, ao fazê-lo, suavize seu olhar.

Permita que seu rosto e o resto da imagem refletida no espelho comecem a ficar borrados e menos nítidos.

Continue respirando fundo.

Agora, olhando suavemente para seu reflexo, pergunte a si mesmo, em voz alta ou em silêncio:

Quem sou eu?

Eu sou mesmo eu?

Quero que você realmente se aprofunde nessa linha de autoinvestigação.

Perceba como essas perguntas fazem você se sentir.

À medida que continuar a respirar e a repetir essas perguntas, mantendo seu olhar suave no espelho, perceba o que vê ou como sua imagem muda.

Muitas pessoas observam suas feições mudando e muitas até veem o que parecem ser rostos ou imagens diferentes chegando à sua percepção enquanto olham suavemente no espelho.

Essas imagens mutantes podem representar você em várias vidas passadas, os rostos que você teve em encarnações prévias.

Algumas pessoas até percebem o surgimento de traços de animais ou pássaros.

Preste atenção em todos os diferentes rostos que surgem quando você se faz essas perguntas.

Então, feche os olhos por um momento, respire fundo e diga em voz alta ou para si mesmo:

Estou neste corpo agora.

Abra os olhos e examine seu rosto atual.

Envie a si mesmo gratidão e amor por ter escolhido essa forma, esse rosto e esse corpo, para sua vida atual.

capítulo 3

# VOCÊ NÃO É SUA RAÇA OU ETNIA

Os seres humanos existem em cores e tons diferentes. Alguns de nós têm a pele clara, outros a pele escura e outros têm todas as variações entre essas duas. A cor da pele é muitas vezes um fator diferenciador na forma como reconhecemos a etnia ou a raça de alguém, que estão conectadas à região do mundo ou ao continente de onde se originaram seus ancestrais.

Essas variações na cor ou pigmentação da pele se devem à evolução e à incrível capacidade de o corpo humano se adaptar. Como cada país tem um clima diferente e condições próprias àquele meio ambiente, ao longo do tempo, como os seres humanos nasceram e viveram em lugares diversos, seus corpos desenvolveram características que lhes permitiram não só sobreviver, mas também prosperar.

Por exemplo, em climas mais quentes, a pele produz mais melanina, uma substância do corpo responsável pela cor da pele, do cabelo e dos olhos. A melanina é produzida em quantidades maiores em climas mais ensolarados porque essa é a defesa natural do corpo contra a ação prejudicial dos raios solares. A quantidade de melanina que cada indivíduo produz se baseia em sua conformação genética e na quantidade de exposição solar de seus antigos ancestrais. Assim, em regiões próximas à Linha do Equador e, portanto, mais quentes e ensolaradas, as pessoas têm pele, cabelo e olhos mais escuros do que aquelas que vivem em climas mais frios e escuros. Uma pessoa cujos ancestrais eram da Somália, localizada bem na Linha do Equador, provavelmente tem a pele muito mais escura do que um descendente de uma pessoa da Finlândia, um país muito mais para o norte e com um clima bem mais frio.

Porém, apesar de compreendermos a ciência, com frequência a cor da pele e a raça motivam mal-entendidos, viés, discriminação, preconceito, intolerância, injustiça, violência, subjugação, servidão, encarceramento, escravização e genocídio.

Mas sabe de uma coisa? Todos nós já vivemos antes, em muitas vidas passadas. Suas vidas passadas são diversas, tanto étnica quanto racialmente. Isso porque você não viveu em um único local várias vezes, e sim em todos os continentes e em muitos países para ter uma variedade de experiências como ser humano. Todos nós tivemos diferentes origens culturais, rituais que criaram sentido em nossas vidas, roupas que vestimos e comidas de que gostávamos. À noite, todos nós olhávamos para cima e víamos as estrelas no céu de vários pontos de vista, mas as estrelas eram todas as mesmas.

Se você sempre reencarnasse em um único lugar, em um grupo ou etnia, isso anularia completamente o propósito da reencarnação, que é aprender e crescer. E se você tivesse sempre a mesma lição, no mesmo país e vestindo a mesma pele, então não estaria maximizando seu potencial para conseguir novos *insights*, perspectivas e sabedoria.

Ainda assim, muitos de nós nos identificamos fortemente com nossa raça ou etnia. Em muitos aspectos, isso é positivo: honrar nossos ancestrais e a linhagem histórica dos familiares que vieram antes de nós. Ter orgulho dos antepassados, do seu povo e de tudo que eles superaram para criar a sua família e abrir a porta para a sua vida hoje é um elemento fundamental para saber quem você é pela lente da raça ou da etnia. De fato, muitas culturas, em especial as que fazem parte de minorias étnicas, se agarram ainda mais à própria identidade porque sua sobrevivência depende disso.

Mas vamos ampliar essa lente. Sim, hoje, você é quem é em parte porque nasceu em uma família com a sua própria linhagem. Contudo, você viveu em muitas outras famílias, com muitas origens distintas – assim como sua aparência, sua raça ou etnia não constituem toda a imagem.

## PARA FAZER PENSAR

Como você se identifica?

Com qual raça, etnia, origem ou cultura você se conecta?

Como você acabou formando essa identidade?

Tendemos a usar certas categorias gerais quando definimos raça, como preto ou branco, mas dentro desses grupos maiores existe uma enorme diversidade. Por exemplo, nos Estados Unidos, no censo realizado pelo governo, as únicas opções oferecidas são negro ou afro-americano, branco ou europeu, hispânico, nativo-americano ou nativo do Alasca, asiático ou nativo do Havaí ou outro ilhéu do Pacífico.

E se um dos seus pais for de uma categoria e o outro de outra? Ou se, ao longo de centenas de anos, seus ancestrais se misturaram ou se casaram com pessoas de outros grupos graças à migração e imigração?

Na verdade, em nossa maioria somos multirraciais, e a presença e a popularidade de testes de DNA têm mostrado a predominância dessa mistura de origens étnicas. É claro que ao menos parte dessa mistura de etnias reflete um passado mais sombrio que inclui estupros, violência e a subjugação de povos ou grupos com o objetivo de estabelecer supremacia e poder. Para muitos de nós é difícil admitir o lado trágico da nossa história genética, tanto para os descendentes dos opressores quanto para os oprimidos. Mas devemos confrontar essa verdade para encontrar um caminho para a reconciliação, para uma cura coletiva do trauma intergeracional e para pôr um fim em atitudes e ações racistas.

A ciência da pesquisa genética está fazendo muito para nos ajudar a avançar rumo ao entendimento de que todos somos humanos, com expressões variadas das nossas sequências genéticas singulares. Ao explorar as formas pelas quais compartilhamos nossa humanidade, em vez de focar nossas diferenças, podemos forjar um caminho rumo ao amor, à paz, à igualdade e à compreensão. Descobrir suas próprias e variadas vidas passadas pode ser uma maneira poderosa de ver que, por baixo das nossas peles, somos todos iguais e parte de uma única raça humana.

## HORA DO DIÁRIO

**O QUE VOCÊ SABE SOBRE SUA LINHAGEM?**

Pare por um momento e escreva tudo o que você sabe sobre a sua linhagem.

Você ou alguém da sua família já fez um teste de DNA?

Se sim, o que descobriu sobre as raízes da sua família?

Quais são algumas das histórias que lhe contaram sobre o lugar de origem de seus familiares?

O casamento dos seus pais representou uma mistura de culturas?

Como você se identifica racial, étnica e culturalmente?

Essa miscigenação e mistura biológica também é parte integrante do nosso mundo moderno, com a tecnologia possibilitando níveis sem precedentes de migração e imigração, exploração e exposição a outras culturas. Muitos lugares desenvolveram uma identidade cultural singular ao longo do tempo para integrar aspectos do povo nativo da região a de imigrantes ou de outros estrangeiros que se estabeleceram por lá. Por exemplo, a proximidade do sul da Espanha com o norte da África originou uma combinação de comidas, músicas, artes, arquiteturas, línguas e conhecimentos – incluindo ciência e filosofia – que é diferente do restante da Península Ibérica. Enquanto isso, o norte da Espanha tem raízes celtas, o que talvez surpreenda os turistas que esperam encontrar flamenco e tapas, mas que, em vez disso, descobrem gaitas de foles, círculos de pedras e rituais pagãos de solstício (além de várias outras línguas).

### CAVE MAIS FUNDO

Quero que você pare por um momento e pense sobre sua identidade cultural ou étnica e como você a expressa.

De que maneira suas origens e identidade familiares o acompanharam ao longo da vida?

Você misturou a cultura ou culturas da sua linhagem com uma nova cultura, com base em um lugar onde você mora ou a que foi exposto?

De que maneira sua mistura cultural única é refletida em sua vida?

A emigração para longe do local de nascimento ou de origem familiar tem acontecido ao longo de toda a história, seja por guerras, fome, opressão religiosa ou cultural ou captura e escravização. (Esperava-se que as mulheres, em especial, trocassem a casa da família pela de seu marido.) Outros deixaram suas casas ancestrais em busca de oportunidades, empregos ou riqueza. Histórias de conquistadores que saquearam e assolaram para tomar o poder são em geral glamourizadas porque a história costuma ser escrita ou contada pelos vencedores. O fato de os seres humanos nunca terem permanecido no mesmo lugar foi o que nos rendeu o conceito de "outro", assim como a ideia de que determinada população dentro de outra maior, como um grupo minoritário, é passível de ser conquistada, escravizada, sistematicamente marginalizada e oprimida.

Hoje, estamos conversando sobre como corrigir essa história para que ela reflita a verdade testemunhada e experienciada por todas as pessoas, não só pelos vencedores. A verdade nem sempre é bonita, porém é fundamental que seja contada sob novos pontos de vista para que a sociedade possa seguir em frente de uma forma nova e melhor. Compreender o passado é a chave para criar o futuro, e isso é verdade tanto em relação às vidas passadas quanto em relação à nossa história coletiva.

Quando você entende que viveu muitas vidas com etnias e raças variadas e com diferentes cores de pele, a ideia de "outro" se torna obsoleta. Qualquer identidade baseada no tribalismo – e nas atitudes e nos comportamentos a ele associados – é falsa. Sua vida agora é apenas um pedacinho de toda a sua história ancestral. É da natureza humana se sentir conectado com as pessoas que se parecem com você, mas escavar suas vidas passadas pode ajudá-lo a abrir mais as cortinas para descobrir que, embora todos nós tenhamos aparências diferentes, por dentro somos todos iguais.

Sempre que meus clientes experienciam suas vidas passadas como pessoas de etnias ou raças diferentes, trata-se de um momento profundo para eles. A experiência de se verem em um corpo desconhecido, às vezes com o reconhecimento de que estão falando outra língua que não a atual, os surpreende e pode dissuadi-los da ideia de que podem se identificar de alguma maneira com a cor da sua pele.

Uma vez trabalhei com uma cliente do Haiti que era uma mulher negra retinta. Ela teve uma vívida memória de uma vida passada como uma mulher branca de pele, olhos e cabelos claros. Ela achou isso hilário e ficou rindo durante a experiência de vida passada, dizendo que não conseguia acreditar que tinha sido branca. Sua vida passada representava uma experiência e uma identidade tão distintamente diferentes que ela achou aquilo engraçado.

Também já tive clientes que se identificavam como brancos e que descobriram que tinham sido negros, hispânicos, nativo-americanos ou asiáticos em uma vida passada. Embora você talvez se identifique com determinada raça ou etnia, saiba que sua identidade é mutável. Ela contém nuances. Conhecer suas diversas vidas passadas aumenta sua compreensão e empatia por si mesmo e pelos outros.

## UM POUCO DE DIRECIONAMENTO

**APROPRIAÇÃO OU APRECIAÇÃO?**

Nós tivemos vidas com muitas cores de pele, raças e etnias. Essa diversidade de experiências ao longo de muitas vidas nos ensina a ter compaixão, empatia e apreço por diferentes culturas e origens.

Mas só porque você teve uma vida em que era de uma raça diferente ou de outra cultura, especialmente se esse grupo for uma minoria de qualquer tipo, isso não quer dizer que você entenda o que significa ter escolhido essa vida ou caminho – ou que possa reivindicar essa identidade hoje. Você escolheu uma forma diferente nesta vida, de modo que, embora possa apreciar uma cultura, deve se certificar de que não está se apropriando dela.

Aprender sobre suas diferentes vidas passadas não é apropriação cultural. É simplesmente um fato. Todos nós já fomos negros, brancos, pardos e outros. Apropriação cultural seria se usássemos esse fato para reivindicar essa origem *nesta* vida. Não há como você saber como é ser de uma raça, grupo, etnia ou povo diferente, mas você pode aprimorar sua compreensão do que essa experiência significa.

É por causa dessas diversas experiências de vidas passadas que nos sentimos mais atraídos por certas culturas e lugares do que por outros. Ter vivido uma vida passada em um lugar que hoje nos é estranho pode criar um fascínio duradouro. Ele pode aparecer nas músicas que o emocionam, nos filmes a que você assiste repetidas vezes porque celebram um país específico, nas comidas étnicas que você ama ou nas obras de arte que falam com você porque retratam certa origem ou identidade racial.

Algumas pessoas descobrem que conheciam inconscientemente uma identidade anterior ao considerar seus destinos favoritos de viagem ou as culturas que provocam sentimentos de paz, pertencimento ou saudade. Já ouvi muitas pessoas dizerem que viajaram para um novo país ou continente e "simplesmente sabiam" como se locomover ou sentiam que aromas e sons culturalmente específicos despertavam emoções nelas.

Certa vez, trabalhando com uma mulher norte-americana branca e descendente de europeus, ela me contou que, quando visitou Istambul pela primeira vez, sabia instintivamente para onde levavam as ruas pelas quais ela perambulava. Os aromas das comidas e das especiarias no ar lhe eram familiares, como se ela já tivesse estado lá antes. Ela descreveu essa experiência como uma "memória perdida", como se fosse algo de que ela sabia que deveria se lembrar, mas que não tomava forma por completo em sua mente.

Ela me disse que ouvir o chamado à oração de uma das muitas belas mesquitas da cidade fez com que ela irrompesse em lágrimas. Muitas emoções vieram à tona naquela viagem, sendo a principal delas uma tristeza e uma saudade do que parecia ser um outro tempo, que existia tanto em um lugar distante quanto logo abaixo da superfície de sua memória e consciência.

Nenhuma de nós ficou surpresa quando ela se recordou de uma vida passada como uma mulher muçulmana em Istambul no século 17. A memória apenas confirmou o que ela já sabia ser verdade: ela já tinha vivido naquele lugar antes.

Ouço todos os tipos de histórias sobre esse fenômeno de ser atraído para culturas específicas através dos tempos. Uma vez trabalhei com um homem que era obcecado pela cultura samurai japonesa e sabia tudo sobre ela, apesar de ser um homem afro-americano nesta vida.

## TRABALHO DOS SONHOS

**OUTROS TEMPOS E OUTROS LUGARES**

Quero que você pare por alguns minutos hoje à noite, antes de ir para a cama, para estabelecer a intenção de ter um sonho sobre uma das suas vidas passadas em um lugar estranho para você.

Você pode firmar essa intenção pensando sobre ela, proferindo-a em voz alta ou – ainda mais potente – escrevendo sua intenção no seu diário e depois mantendo-o ao lado da cama enquanto estiver dormindo.

Inclua na sua intenção o desejo de experienciar múltiplos aspectos da cultura conectada com essa vida passada no seu sonho, como a cor ou tom da sua pele, sua maneira de se vestir e suas roupas, comidas e músicas preferidas.

Peça ao seu guia espiritual para lhe mostrar um sonho que seja vívido e colorido, e com o qual você possa sentir um potente vínculo emocional.

Quando acordar, não deixe de escrever imediatamente o que lhe ocorreu, antes que os detalhes do sonho comecem a se apagar.

Quando eu era criança, era fascinada pela cultura dos nativo-americanos, especialmente das aldeias do oeste dos Estados Unidos, como os Lakota Sioux e os Arapahoe. Conservo um profundo e duradouro respeito por essa cultura. Dedico-me a causas ligadas aos direitos indígenas e estudei tradições espirituais e de cura dos nativo-americanos durante muitos anos. Embora eu acredite que tenha sido nativo-americana em uma vida passada, isso não significa que tenha o direito de reivindicar para mim uma identidade nativa. Em vez disso, minha afinidade com uma comunidade diferente da minha alimenta a curiosidade, o *insight* e uma compreensão que eu nunca teria alcançado se tivesse me mantido rigidamente atada a um senso limitado de identidade.

Com o passar do tempo, ao descobrir que você já foi negro, pardo e branco e que viveu em todos os continentes, você também pode encontrar a chave da nossa humanidade compartilhada, que não tem nada a ver com raça (sem nunca nos esquecermos também de que as consequências e as experiências vividas por ser de uma raça ou de outra em nossa sociedade supremacista branca são muito reais). A reencarnação nos ensina que essas diferenças percebidas são apenas superficiais e não têm nada a ver com quem somos em um nível espiritual.

## HORA DO DIÁRIO

Pare por alguns instantes para pensar em alguns lugares e culturas que o atraem, mas que são diferentes daqueles que conhece ou fazem parte de sua vida.

Existe algum país que você sempre quis visitar ou um lugar para onde você viajou e simplesmente se sentiu em casa?

Existe alguma cultura ou um período sobre os quais você gosta de assistir a filmes ou ler livros?

Você se sente atraído por obras de arte, joias ou roupas no estilo de uma cultura diferente?

Todos eles representam suas associações culturais positivas.

Agora, em vez de se concentrar nas culturas em relação às quais você tem sentimentos positivos, faça esse mesmo exercício pensando naquelas de que você *não* gosta ou que não o atraem.

Existe alguma cultura que você ache assustadora ou pesada em algum aspecto – desagradável ou suja, talvez?

Por favor, não faça um autojulgamento. A maioria das pessoas consegue identificar fortes sentimentos de atração e repulsa nesse cenário. Apenas perceba o que surge e faça anotações.

Agora, você tem duas categorias no seu caderno: povos e lugares que você ama e povos e lugares com os quais prefere não se conectar.

Na minha experiência, sempre que você tem uma reação forte a algum lugar ou pessoa, boa ou má, trata-se de um indicativo de que talvez você tenha tido uma experiência de vida passada como membro daquele grupo.

Por ora, apenas anote o que lhe vier à cabeça nas duas categorias.

capítulo 4

# VOCÊ NÃO É SEU GÊNERO OU ORIENTAÇÃO SEXUAL

Você é homem ou mulher? Para muitas pessoas, esta pode parecer uma pergunta simples, com apenas duas respostas possíveis, baseadas no sexo que atribuíram a você no nascimento.

Mas cada vez mais passamos a compreender que esse é um questionamento cheio de nuances e muitas respostas possíveis. Essa guinada cultural sobre o que constitui o gênero sugere que ele se trata de um tema muito mais profundo do que pensar apenas em nossas características sexuais físicas. Gênero é mais uma gama ou espectro baseado em como cada um de nós se identifica. O binário masculino-feminino se expandiu para incluir identidades como gênero neutro, gênero fluido, gênero expansivo, transgênero, não binário, entre outros.

Isso representa um avanço incrível para todas as pessoas cuja identidade ultrapassa a cisgeneridade (quando o sexo que foi atribuído a você no nascimento se alinha com o gênero com o qual você se identifica). Essa maior liberdade significa que também houve mudanças no que é considerado aceitável em termos de expressão de gênero – ou comportamento e aparência de "menino" *versus* "menina".

As últimas décadas também trouxeram mudanças significativas nos papéis tradicionais de gênero, tanto em casa quanto nos locais de trabalho. Nas suas vidas passadas, mesmo nas mais recentes, você provavelmente suportou muito mais regras sobre as expectativas e normas de gênero do que hoje.

Mas, em muitas culturas, as expectativas em relação à identidade de gênero ainda começam no nascimento, com os hospitais rotulando cada novo ser humano de "menino" ou "menina", dependendo de suas características sexuais, e os vestindo de azul ou rosa de acordo com essa determinação. (Essa tendência de vestir os bebês com roupas específicas ao gênero só se popularizou nos anos 1940. Antes disso, a maioria das pessoas vestia os bebês com roupas brancas cheias de babados – para facilitar o acesso às fraldas –, independentemente do sexo.)

## REVISIONISMO HISTÓRICO

A atual tendência de roupas e brinquedos de gênero neutro foi motivada pela descoberta de que os brinquedos "de menino" eram mais educativos e relacionados às profissões, enquanto os "de menina" focavam mais o desenvolvimento de um papel como cuidadora ou educadora em casa.

Dar às crianças brinquedos de gênero neutro liberta sua imaginação a respeito do seu potencial futuro e permite que crianças de todos os gêneros explorem profissões e interesses que não são definidos pelas expectativas tradicionais.

Quais brinquedos e objetos o atraíam quando você era criança? Como você brincava?

Havia expectativas de que você aderisse a certos brinquedos ou *hobbies* ligados a um gênero específico?

De que maneira você conecta isso com quem você se tornou e a como se identifica hoje?

Embora essa ideia de que a roupa está relacionada ao gênero seja antiga e possa ser encontrada em todas as culturas da Terra, o mesmo vale para a história daqueles que desafiaram as regras e se vestiram de maneira diferente do que manda o gênero que lhes foi atribuído no nascimento. Mais do que isso, as roupas que enxergamos como "masculinas" *versus* as que vemos como "femininas" também mudaram ao longo do tempo (pense no rei Luís XIV de salto alto ou nas companhias de teatro shakespearianas em roupas de mulher). Muitas sociedades ainda insistem na conformidade de gênero externa, mas em muitos outros lugares existe uma flexibilidade maior em relação a como você escolhe identificar e expressar seu gênero em suas roupas, cabelo, maquiagem, linguagem corporal e voz.

E, claro, pode ser que agora você seja homem, mas provavelmente já foi mulher em uma vida passada, e vice-versa. Na verdade, com o tempo, aprendi que, quando mergulho em uma encarnação específica com meus clientes, cerca de 50% das vezes eles escolhem um gênero diferente. Dentre todas as qualidades e características que variam de uma vida para outra, o gênero é aquela com a qual muita gente se identifica mais fortemente, de modo que essa revelação pode ser particularmente surpreendente.

A chocante percepção de que quem eu achava que era, com base no meu gênero, era uma identidade falsa veio de repente quando experienciei pela primeira vez uma vida passada. Em minha imaginação, olhei para baixo e vi que tinha mãos grandes, ásperas e masculinas, além de um corpo masculino. Eu me identifico fortemente com a minha condição de mulher cisgênero nesta vida, mas lá estava eu como um homem. Isso mudou imediatamente a maneira como eu me enxergava.

## SEJA CRIATIVO

**VOCÊ COM OUTRO GÊNERO**

Quero que você crie um retrato seu, mas um que seja de um gênero diferente daquele com o qual você se identifica hoje.

Esse retrato pode ser um desenho, um esboço ou uma pintura, ou pode ser uma fotografia ou um vídeo feito por você como uma expressão de gênero diferente.

Quais são as características dessa nova expressão de gênero?

Que roupas você está vestindo? Como arrumou seu cabelo?

Como é sua linguagem corporal? E a sua postura e como você se apresenta?

O que é diferente, ou o que mudou, ao mudar sua identidade de gênero?

Divirta-se com isso!

Certa vez, um cliente meu, um homem cisgênero, relatou uma potente experiência de vida passada como mulher. Essa vida se passou na África, em uma tribo, e seu eu passado não usava muitas roupas. Ele pôde ver seus seios e seu corpo nu, o que foi uma experiência que o deixou estupefato com a forma feminina e com o fato de que ele vivera antes como mulher. Ele se recordou de que era tenaz e engenhosa, e que equilibrava seus deveres como mãe de algumas crianças pequenas com seus deveres e tarefas domésticas, que incluíam percorrer vários quilômetros a pé todos os dias para buscar água fresca e preparar refeições que alimentavam muitas pessoas. Após essa experiência, ele passou a ver sua esposa e suas funcionárias com um olhar diferente, pois percebeu que as mulheres ainda conseguem equilibrar esses mesmos deveres e muitas vezes precisam trabalhar bem mais duro do que os homens, porque trabalham dentro e fora de casa.

Isso me traz ao meu próximo ponto: as ocorrências de viver como uma pessoa de um ou outro gênero sempre foram diferentes. Nascer menino através do espaço e do tempo é uma experiência diferente de nascer menina, e cada uma delas tem os próprios desafios e ensinamentos. Isso continua sendo verdade. Não preciso dizer que a experiência de ser mulher ou de ter traços femininos costuma vir acompanhada de opressão, menos liberdade, menos oportunidades e violência. O sexismo é quase tão antigo quanto o próprio tempo.

Grande parte dessa desigualdade tem sido atribuída à biologia. Com frequência, atribuem-se aos homens mais força e mais vigor ou capacidade de resistência, enquanto as mulheres estariam preparadas para dar à luz e serem cuidadoras. Esses estereótipos são usados há muito tempo para perpetuar o patriarcado. As mulheres têm sido rejeitadas, menosprezadas e depreciadas. Já tiveram negados os direitos à educação, ao voto, a ter empregos fora do ambiente doméstico, a abrir contas bancárias, a fazer as próprias escolhas reprodutivas e a ter as mesmas liberdades que os homens têm para decidir aspectos relativos às suas próprias vidas e corpos, como aonde podem ir e como devem se vestir. Mulheres têm sido sexualmente exploradas, estupradas, apalpadas e forçadas à submissão. Têm sido temidas e mal compreendidas, julgadas por sua aparência, apedrejadas por crimes imaginários e queimadas como bruxas.

Já trabalhei com muitas mulheres cujas vidas passadas apresentaram esse tipo de opressão e violência, e muitas carregavam medos inconscientes de falar a verdade ou assumir o próprio poder por causa dessas memórias. Descobrir esses temores deu a essas mulheres uma chance de recobrar a autonomia, porque conseguiram ver que, apesar de terem suportado esses crimes muito tempo atrás, tinham uma chance de viver uma nova narrativa atualmente.

É verdade que existem muito mais oportunidades para mulheres e meninas hoje, mas, infelizmente, a misoginia e o preconceito contra as mulheres não são apenas históricos: continuam acontecendo em quase todos os países do mundo. A exemplo da igualdade racial, ainda temos muito trabalho a fazer para criar uma sociedade universal em que exista um verdadeiro igualitarismo para homens e mulheres, assim como para as pessoas que escolhem se identificar com qualquer, ou nenhum, gênero.

Pelo fato de vivermos como homens e mulheres, explorar essas memórias de vidas passadas pode nos ajudar a entender mais sobre a experiência do outro. Afinal, estamos aqui na Terra para aprender e crescer. Se a vida como homem é em geral tão diferente da vida como mulher, seja qual for a época, que sentido haveria em recebermos somente metade das lições disponíveis se fôssemos sempre de um só gênero? Temos de ser homens e mulheres e de todos os outros gêneros e expressões. Cada um de nós já foi homem e mulher, masculino e feminino, cisgênero, bigênero, agênero e tudo o que há entre essas identidades.

Uma das coisas mais interessantes que testemunhei trabalhando com meus clientes é quando eles assumem a energia de um de seus "eus" de vidas passadas após se lembrarem de terem sido essa outra pessoa. Já vi pessoas acessarem sua guerreira, deusa, protetora ou mãe interior e usarem essa energia masculina ou feminina para viver mais plenamente no agora.

Uma vez trabalhei com uma mulher que estava buscando uma promoção para se tornar sócia de um prestigioso escritório de advocacia, cargo pelo qual competia com alguns homens. Embora ela fosse tão qualificada quanto eles, temia perder a oportunidade para algum deles porque o escritório era predominantemente masculino.

Durante nosso trabalho juntas, ela rememorou ter sido um estadista ou líder no que parecia ser a Roma antiga. Experienciou a si mesma como um homem poderoso e confiante que liderava com coragem e convicção, o que lhe permitiu se enxergar como essa *persona* e trazer a energia desse estadista para a mesa. Nem preciso dizer que ela conseguiu a vaga. Aquele indivíduo capaz ainda estava dentro dela, e ela conseguiu projetar aquela *persona* e conquistar seus objetivos.

## UM POUCO DE DIRECIONAMENTO

**CONHEÇA SEUS PRONOMES**

Há muitas nuances envolvidas quando falamos sobre gênero.

Uma das coisas mais incríveis que acontecem hoje é que existe mais liberdade e aceitação em torno da ideia de que o gênero é um conceito fluido, e o que historicamente a maioria das sociedades via como algo fixo, hoje, é mais um espectro. Existe arbítrio envolvido com o gênero com o qual escolhemos nos identificar – ou não!

Assim, é perfeitamente aceitável, e até mesmo preferível, pedir que alguém compartilhe com você quais são seus pronomes, caso essa pessoa queira fazê-lo: ela/dela, ele/dele ou elu/delu.

Quando você conhece os pronomes de uma pessoa, você pode se dirigir a ela mais respeitosamente com base em como ela escolhe se identificar.

Explorar suas vidas passadas pode ajudá-lo a ver que você nem sempre se identificou com o gênero com o qual se identifica agora e que houve tempos em que expressou seu gênero de maneiras diferentes. O trabalho com vidas passadas pode ser uma maneira poderosa de compreender que o binarismo de gênero não é a única opção e que, embora esse conceito possa parecer preto no branco para alguns de nós, para outros ele tem nuances e complexidades.

Quando entendemos que mudamos nossa identidade de gênero e a forma como a expressamos ao longo de muitas vidas, podemos parar de nos apegar tanto a essa identidade como quem somos.

Embora possa parecer um modismo na nossa sociedade, os conceitos de fluidez de gênero e de identidade não binária são antigos. Casos de pessoas que não se conformavam a um gênero apareceram em quase todas as sociedades de que se tem registro ao longo da história. Joana d'Arc, na França do século 15, e Hatshepsut, a faraó que governou o antigo Egito em 1400 a.C., vestiam roupas de homem e eram representadas como figuras andróginas. Chevalier d'Éon, uma espiã travesti transgressora de gêneros na França do século 18, foi designado homem ao nascer, mas frequentemente se vestia como mulher e até mesmo escolheu viver a segunda metade da sua vida como mulher, com a bênção do rei. Esses são só alguns exemplos.

Muitas culturas, incluindo a Grécia antiga, tinham virgens ou eunucos que serviam em templos sagrados, estabelecendo um tipo especial de espiritualidade fora dos papéis ou identidades tradicionais de gênero. Na Mesopotâmia antiga, havia uma divindade de gênero ambíguo chamada Ishtar, e os sacerdotes do culto de Ishtar se apresentavam como de gênero neutro. Na Índia, esse terceiro gênero recebe o nome de *hirja*, e diz-se que essas pessoas têm poderes sagrados que dependem da sua assexualidade. Na Polinésia, esse terceiro gênero, chamado *māhū*, não é considerado nem masculino nem feminino, e as pessoas desse gênero são as guardiãs das tradições orais, incluindo a sagrada dança hula. Os *māhū* ainda são parte integrante da comunidade LGBTQIAP+ no Havaí.

Em muitas tradições indígenas, qualquer pessoa que se identificasse com esse terceiro "não gênero" era frequentemente uma figura central na comunidade, como um líder espiritual ou guardião da sabedoria. Hoje, algumas culturas indígenas americanas chamam de "Dois Espíritos" as pessoas que são transgêneros ou não conformistas de gênero, referindo-se à ideia de que essas pessoas carregam em si a essência de ambos os gêneros, com sabedoria e *insight* extras, condizentes com um papel cerimonial sagrado. (Esse conceito em si é antigo, mas a expressão *Dois Espíritos* surgiu apenas no século 20 para descrever qualquer pessoa que tenha uma posição de terceiro gênero ou de não conformidade de gênero dentro de uma etnia. O termo navajo original pode ser traduzido como "aquele que muda", enfatizando a fluidez da identidade.)

Nem preciso dizer que, mesmo com esse progresso na nossa compreensão e aceitação das identidades de gênero não binárias, muitas pessoas ainda sofrem discriminação, preconceito, ódio e violência ligados à sua expressão de gênero. Trata-se de mais uma característica usada como uma oportunidade para criar um senso de alteridade e divisão. É por isso que mudar a maneira como vemos o gênero através da lente das nossas próprias vidas passadas pode não só criar empatia e compreensão, mas também nos unir nas nossas semelhanças universais.

A orientação sexual, ou por quem sentimos atração, acaba sendo com frequência agrupada com o gênero, contudo é uma questão à parte (ainda que relacionada). Muitos clientes me perguntam se a razão para alguém ser homossexual ou sentir atração pelo sexo oposto é o fato de ter tido uma vida passada em que era de um gênero diferente. Não descobri até hoje se isso é verdade. Nossa escolha de gênero em cada vida nem sempre afeta nossa escolha atual de por quem sentimos atração sexual, com quem nos relacionamos e por quem temos sentimentos de amor romântico.

## CAVE MAIS FUNDO

**YIN E YANG**

Na filosofia oriental, existe um conceito chamado yin e yang, representado pelo símbolo à direita. A ideia é que a dualidade cria um equilíbrio.

Na medicina chinesa, o yin é considerado feminino e o yang é masculino.

O princípio do yin e do yang é que pares de opostos iguais se atraem e se complementam. Eles também são duas partes de um todo e interdependentes, o que significa que um não pode existir sem o outro.

Esse conceito também representa todas as dualidades, incluindo masculino e feminino, céu e terra, escuridão e luz, o sol e a lua.

Esse belo conceito e símbolo reconhece que, para alcançar a harmonia, precisamos interagir com nossos opostos e contrapartes.

Em última instância, o objetivo é criar equilíbrio e harmonia dentro de nós mesmos.

> Como todos nós já vivemos muitas vidas como homens e mulheres, e como temos uma variedade de expressões de gênero, todos nós carregamos essa dualidade dentro de nós. O objetivo é nos tornarmos seres equilibrados, capazes de expressar igualmente nosso lado masculino e feminino. Ao longo das nossas muitas vidas, estamos aprendendo a dominar a energia de ambos.

Assim como ocorre com o gênero, agora temos uma compreensão melhor das complexidades da sexualidade humana, e existem mais do que nunca direitos à disposição das pessoas que fazem parte da comunidade LGBTQIAP+. Mas, a exemplo das pessoas em não conformidade de gênero, há uma longa e dura história de preconceito, ódio e violência contra aqueles que se identificam como gays, *queers* etc.

Uma vez trabalhei com uma mulher que se lembrava de ter sido um homem em um lugar que parecia ser a Ásia, possivelmente a China, no início do século 19. Quando perguntei se ela vivia sozinha, ela respondeu, com tristeza, que sim, mas que estava perdidamente apaixonada por uma pessoa com quem estava proibida de ficar. Seu amado era outro homem, um colega de trabalho – que também estava apaixonado por ela. Ela disse que havia muita mágoa relacionada a esse amor. Ela se lembrava de morrer sozinha, triste e ainda com saudades desse homem, dessa poderosa alma gêmea.

Entretanto, ela foi capaz de encontrar uma cura para essa dor quando percebeu que esse homem que ela tinha amado tão intensamente havia reencarnado como o homem que é seu marido hoje. Ela pôde experimentar em primeira mão a verdade de que amor é amor, independentemente de gênero ou orientação sexual. Essa experiência renovou e fortaleceu seu elo com o marido, assim como o apreço mútuo que sentiam e o interesse pela vida que tinham o privilégio de compartilhar.

Uma das verdades mais profundas que aprendi assistindo aos meus clientes experienciarem suas vidas passadas é que nossa alma, ou quem nós somos por dentro, não tem gênero. Reencarnamos ao longo de muitas vidas como homens, mulheres, gays, héteros e tudo o que há entre essas opções. Ter em conta a diversidade de experiências singulares a cada identidade de gênero, expressão de gênero e orientação sexual nos ajuda a crescer, a aprender e a evoluir.

Sim, um sexo lhe foi atribuído ao nascer nesta vida. Você tem uma identidade de gênero que é parte do corpo que você escolheu e, também, uma orientação sexual nesta vida, mas a sua alma já teve uma vasta experiência cumulativa como todas as possibilidades da forma humana.

## HORA DO DIÁRIO

Você vai criar uma *persona* da vida passada que é de um gênero diferente do seu hoje.

Imagine-se como homem ou mulher (ou seja, quem você imagina que era em uma vida passada).

Essa *persona* da vida passada tem a mesma idade que você tem hoje. Dê um nome ao seu eu da vida passada.

Como é a sua aparência? Anote sobre sua aparência física.

Você é baixo ou alto?

Qual é a cor do seu cabelo?

Que tipo de roupa você usa?

Descreva o ambiente dessa experiência de vida passada.

Que ano ou período é esse?

E em que lugar do mundo você vive?

Não julgue o que lhe vem à mente; simplesmente acate a primeira coisa que lhe ocorrer.

Anote o que você faz com seu tempo.

Você trabalha ou tem uma profissão?

O que preenche seus dias?

O que lhe dá alegria e prazer?

Quais são seus desafios?

Dê a si mesmo um parceiro de qualquer gênero.

Qual é a aparência dessa pessoa?

Qual é o nome dela?

Concentre-se em como você se sente em relação a essa pessoa, que pode ser real ou baseada em um parceiro que você tem hoje ou imaginou.

Que pensamentos você tem sobre seu gênero e os papéis ou expectativas que o acompanham?

Que lições você aprendeu sendo esse homem, mulher ou outro e que você pode aplicar à sua vida hoje?

*parte dois*

# VIVA SEU PRESENTE

capítulo 5

# VOCÊ NÃO É SEUS PENSAMENTOS OU CRENÇAS

Sobre o que você está pensando agora?

Pare por um momento e preste atenção no que estava na sua mente antes de você começar a ler este capítulo. Imagino que a maioria dos que estão me lendo agora teve pelo menos um pensamento, e muitos devem ter percebido que vários pensamentos estavam estacionados em seu cérebro, esperando por sua atenção.

Entre esses pensamentos talvez estivessem coisas da sua lista de afazeres, uma interação mais cedo que o preocupou, a percepção de que você está com fome ou com dor de cabeça, ou a antecipação de que precisará lidar com alguma coisa hoje mais tarde. Nossos pensamentos vêm e vão durante o dia inteiro, a ponto de nos tirar o sono à noite.

Eles simplesmente não param.

A maioria dos nossos pensamentos tem a ver com o passado ou com o futuro – recordar ou remoer alguma coisa que já aconteceu, ou se preocupar com alguma coisa que ainda não aconteceu.

Algum desses lhe soa familiar?

*Eu queria não ter dito aquilo.*
*Eu deveria ter estudado mais para aquela prova.*
*O que eu vou fazer para o jantar hoje à noite?*

Esse tipo de ruminação é normal, e provavelmente representa um retrato fiel do nosso estado mental em um dia qualquer.

Em outros momentos, nossos pensamentos não são sobre o passado ou o futuro, e sim a respeito de alguma coisa que está acontecendo no momento presente:

*Por que aquela pessoa está sendo tão mal-educada?*
*Meus pés doem quando eu ando.*
*Por que o céu é azul?*

Você consegue se lembrar de algum momento em que não teve absolutamente nenhum pensamento? Talvez tenha sido um instante passageiro, mas pense se já teve a experiência de a sua mente ficar completamente imóvel. A maioria de nós vai achar isso muito mais difícil de identificar porque não é fácil fazê-lo quando nossa mente está em constante atividade. Controlar nossos pensamentos e não permitir que eles comandem nossas emoções (e, por extensão, nossa vida) constituem uma prática que podemos abordar de maneiras diferentes.

Um efeito colateral dos pensamentos, principalmente quando estão focados no passado ou no futuro, é a ansiedade, a reação emocional de ficar pensando em algo que não podemos mudar ou de nos preocupar com algo do futuro. Eu me pego fazendo isso o tempo todo. Às vezes, estou no carro, levando meus filhos para a escola, pensando no café que derrubei na blusa que não tive tempo de trocar, preocupada em chegar na reunião a tempo. Quando me pego sem estar no momento presente, tento respirar fundo e relaxar. Em alguns dias, é mais fácil falar isso do que fazer. Mas aprender a lidar com os pensamentos é fundamental para nutrir um centro emocional saudável.

Essa ideia de controlar seus pensamentos em vez de deixar que eles controlem você é a premissa por trás da atenção plena (*mindfulness*). A atenção plena é uma prática meditativa simples com raízes antigas. Você pode começar se sentando, respirando profundamente e aquietando sua mente ou permitindo que seus pensamentos fiquem quietos. Sua respiração tem um grande papel nisso, pois, quando você absorve mais oxigênio por meio das respirações profundas, seu corpo relaxa e sua mente fica mais clara.

A atenção plena também exige que você esteja total e completamente no momento, sem pensar no passado (e, sim, isso inclui suas vidas passadas) ou no futuro. Muitos praticantes da atenção plena usam até mesmo um mantra, como "Esteja aqui agora", para se lembrar de eliminar quaisquer pensamentos irrelevantes.

Criar um hábito de atenção plena reduz a ansiedade e as preocupações e traz benefícios imensos para a saúde. Mesmo que você não realize uma prática meditativa formal, a maioria de nós pode se lembrar de parar e respirar fundo para acalmar a mente e revisitar a presença de pensamentos negativos que estejam provocando medo, estresse ou ansiedade.

## FERRAMENTAS PARA DESENVOLVER

### ATENÇÃO PLENA

A atenção plena é uma prática que envolve aquietar sua mente e se permitir estar plenamente no momento.

Isso significa que você não está pensando no passado ou no futuro, e que definitivamente não está permitindo que seus pensamentos corram tanto que acabam fugindo de você.

Trata-se de um conceito simples que pode ser difícil de praticar, quanto mais dominar.

Então aqui está o que eu gostaria que você fizesse: comece com alguns segundos de cada vez, talvez apenas cinco.

Use um cronômetro se quiser.

Feche os olhos e respire fundo algumas vezes.

Enquanto respira, observe quais pensamentos surgem.

Quando tiver um pensamento, imagine que ele está dentro de uma bolha e então observe-o flutuar para longe.

Repita isso até que se torne fácil fazê-lo por alguns segundos e, então, vá aumentando aos poucos o tempo em que permanece sentado em quietude, liberando quaisquer pensamentos que surgirem, até que você consiga fazer isso por alguns minutos de cada vez.

E então você conseguiu!

Você está praticando atenção plena, e isso é chamado de "prática" por uma razão.

Outra prática ligada a aprender a controlar seus pensamentos vem da tradição da ioga. Ela envolve a autoinvestigação, que significa usar seus pensamentos e padrões de pensamento para aprender verdades ocultas sobre si mesmo. Talvez você perceba que está tendo um pensamento sobre se atrasar para uma reunião importante. Esse pensamento – *Estou atrasado* – está lhe causando uma tremenda preocupação e ansiedade.

Por meio do processo de autoinvestigação, você pode se perguntar por que precisa ser pontual. Talvez você conclua que a verdade mais profunda é que você precisa ser pontual para ser respeitado no trabalho, e que teme ser considerado menos digno de respeito se chegar atrasado.

A ideia é esta: primeiro percebendo seus pensamentos e depois os questionando, você aprende a separá-los da sua consciência, que é a parte de você que processa e compreende a vida quando você tem a forma humana. Algumas tradições, aliás, pedem que você questione sua própria identidade em relação aos seus pensamentos: quem é o "eu" que está tendo esse pensamento? Esse nível de autoinvestigação pode ser frustrante para algumas pessoas, porque você percebe gradualmente que sempre existem mais perguntas a serem feitas sobre o porquê de você estar tendo os pensamentos que está tendo. Pode até parecer uma única e grande conversa circular, mas realmente é possível escavar algumas verdades internas sobre sua própria natureza usando esse método.

## HORA DO DIÁRIO

**AUTOINVESTIGAÇÃO**

Quero que você pare por alguns minutos e reflita sobre um dos pensamentos mais recentes que teve.

É melhor que seja um pensamento memorável ou intrusivo, ou um em que você se pega pensando com frequência. Escreva esse pensamento.

Agora olhe para ele e se pergunte:

Esse pensamento é verdadeiro?

Em que nível ele é verdade?

Qual verdade mais profunda sobre esse pensamento é revelada?

A autoinvestigação e a atenção plena existem desde os tempos antigos por uma razão: porque, para a maioria de nós, é difícil nos separarmos dos nossos pensamentos.

De fato, para a maior parte das pessoas, os pensamentos estão sempre tão presentes que cometemos o equívoco de acreditar que nós *somos* os nossos pensamentos, e de que são eles que constituem a nossa consciência.

Isso não é verdade. Seus pensamentos vêm de um lugar fora de você. Você não é seus pensamentos.

Então, de onde vêm esses pensamentos? Muitos vêm daquele misterioso lugar interno em nossas mentes chamado inconsciente. A mente inconsciente é onde armazenamos nossos medos, desejos, esperanças e memórias de coisas que nos aconteceram. Essas memórias formam ideias do que podemos esperar que aconteça em determinada situação. Muitas das nossas memórias são desta vida, mas algumas são também de vidas passadas.

Como nossas memórias de vidas passadas estão na nossa mente inconsciente, elas podem influenciar nossos pensamentos. Aliás, elas podem parecer tão reais quanto algo que aconteceu com você no verão passado, por exemplo, mesmo que você não consiga definir muito bem quando. Isso significa que você pode não conseguir se lembrar dos detalhes específicos de alguma coisa que aconteceu centenas de anos atrás, mas essa memória ainda influencia você e seus pensamentos.

## PARA FAZER PENSAR

**O PODER DA MENTE INCONSCIENTE**

Sigmund Freud, psicanalista do início do século 20, acreditava que pensamentos, comportamento e personalidade resultam da interação entre três camadas de consciência: consciente, pré-consciente e inconsciente.

Ele comparou nossa mente a um iceberg, sendo a consciência (aquilo de que estamos cientes) a ponta; o pré-consciente (aquilo que pode ser prontamente acessado, como as memórias ou o conhecimento armazenado), o que pode ser visto logo abaixo da superfície; e o inconsciente (aquilo de que não temos nenhum conhecimento), a enorme massa do iceberg que não conseguimos enxergar.

Segundo sua teoria, as mentes inconsciente e pré-consciente desempenham um papel importante na maneira como nossas vidas se desenrolam e, ao acessar o inconsciente e reprogramá-lo, podemos dar uma nova forma à nossa realidade.

A influência da mente inconsciente sobre a compreensão de saúde mental provocou uma enorme mudança nos campos da psiquiatria e da psicologia, e ainda estamos expandindo nossa compreensão do quão poderosa ela é e da influência que exerce sobre nossas vidas.

Talvez, em uma vida passada, você tenha sido pobre. Você sofria por causa da sua pobreza e muitas vezes chegou a passar fome. Você se preocupava com sua família ou temia por ela. Talvez seus filhos tenham ficado doentes, deixando você com um sentimento de impotência por não ter os recursos necessários para conseguir comprar os remédios de que eles necessitavam. É provável que você ainda carregue fortes sentimentos relacionados àquela vida, como o medo de nunca ter o suficiente e a falta de recursos para manter você e sua família em segurança.

Isso pode se manifestar quando uma situação desencadeia esses temores ou experiências negativas. Por exemplo, se o seu cartão de crédito for recusado no mercado, você entrará em pânico e terá sentimentos do tipo "Como vou alimentar minha família?" ou "Eu não estarei seguro se não puder comprar esses alimentos".

Quando uma memória de uma vida passada está envolvida, quaisquer pensamentos relacionados a ela podem ser amplificados, mesmo que talvez não representem com precisão suas circunstâncias presentes. Se você tem consciência da influência de uma vida passada, em vez de entrar em pânico com uma catástrofe iminente, pode tentar usar outro cartão de crédito, ligar para o banco para ver se houve algum erro ou devolver alguns itens para se manter dentro do seu orçamento.

Em outro exemplo, talvez você gaste muito tempo pensando no seu marido e aonde ele está indo, com quem está conversando, e, mesmo que ele não lhe tenha dado motivos para duvidar da sua fidelidade, você suspeita que ele a esteja traindo.

Quando ele sai de casa bem-vestido, você pensa que pode estar indo se encontrar com uma amante, e sempre que ele atende a uma ligação em outro cômodo, você sente um frio na barriga. Em uma vida passada, talvez seu marido a tenha trocado por outra mulher, e isso teve efeitos devastadores na sua autoconfiança e autoestima. Para evitar a influência negativa, é fundamental que você reconheça quando está operando com base em preconceitos que não têm nada a ver com a sua vida atual.

Uma vez trabalhei com um homem que sofria de insônia havia muitos anos. Ele tinha dificuldade para adormecer todas as noites porque seus pensamentos acelerados e a ansiedade decorrente deles eram tamanhos que ele simplesmente não conseguia pegar no sono. Sua insônia estava impedindo que ele desfrutasse de muitos aspectos de sua vida.

Em sua experiência de vidas passadas, ele se lembrou de ter sido um soldado que estava servindo como sentinela, ou guarda noturno. Ele dormiu no posto, seu regimento foi atacado e todos morreram. Ele se culpava. Nesta vida, ele ainda acreditava que não era seguro adormecer, e que, se ele o fizesse, algo terrível aconteceria. Depois de se recordar dessa vida passada, sua insônia foi embora. Ele percebeu que esses pensamentos não tinham nada a ver com os dias de hoje. Quando se perdoou por ter pegado no sono todas aquelas vidas atrás, conseguiu superar os pensamentos intrusivos e a ansiedade que durante anos o atormentaram.

## CAVE MAIS FUNDO

**SEUS PADRÕES INCONSCIENTES**

Quais são alguns dos seus próprios padrões inconscientes?

Algum pensamento recorrente está influenciando sua vida?

Está lhe causando angústia ou ansiedade?

Ou evitando de alguma forma que você avance?

Os pensamentos vêm de experiências e memórias, tanto desta vida quanto das passadas. Frequentemente, baseiam-se na crença inconsciente de que, se algo aconteceu antes, é mais do que provável que aconteça de novo.

Uma crença é um pensamento que permanece sem ser examinado e que, com o tempo, se torna verdadeiro para nós. Vamos usar os dois cenários anteriores para ilustrar isso. Se a pessoa que era pobre em uma vida passada segue tendo pensamentos negativos em relação à sua situação financeira atual, isso acabará resultando na seguinte crença: "eu sou pobre" ou "não tenho o suficiente". Com o tempo, a esposa desconfiada, com seus pensamentos sobre uma possível traição do marido, acabará acreditando que "os homens são infiéis" ou que "eu não mereço ter um cônjuge leal".

Nossas crenças são nossas verdades. Assim como nossos pensamentos, nossas crenças são pessoais. O que pode ser verdade para você não será necessariamente verdade para outra pessoa, porque ela tem as próprias experiências e carrega consigo os próprios pensamentos singulares. Nossas crenças são formadas quando temos pensamentos similares sobre certas situações ou pessoas que, conforme o tempo passa, são internalizados.

As pessoas podem ser intensas em relação às suas crenças. Na verdade, muita gente sente necessidade de defender suas crenças contra os outros, que talvez tenham opiniões contrárias. Muitos de nós achamos que nossas crenças nos definem ou que quem somos se baseia naquilo em que acreditamos.

As crenças que nos autodefinem podem ser sobre nós mesmos, religião ou espiritualidade, instituições, empresas, grupos ou afiliações ou sobre outros indivíduos. Elas vêm das experiências que tivemos tanto nesta vida quanto nas passadas. Mas, assim como nossos pensamentos, nossas crenças não são *nós*. Elas têm origem em um lugar fora de nós. Elas não são quem nós somos.

Anos atrás, trabalhei com um homem que estava sozinho fazia muitos anos e que, apesar de dizer que queria se casar e ter uma família, já havia passado dos quarenta anos e continuava solteiro. Era um veterinário bonito e carismático, com uma clínica própria, e, em todos os quesitos, podia ser considerado um bom partido.

Na nossa primeira sessão, ele me descreveu seu padrão de relacionamento: conhece uma mulher; a considera atraente; os dois se encontram algumas vezes e, então, quando ele sente que está ficando "próximo demais" (palavras dele),

ele se concentra em um defeito real ou percebido e rompe com ela. Chegou a admitir que terminou com uma mulher porque não gostava de como ela mexia na orelha quando ficava nervosa.

Ele também acreditava que as "mulheres não valem o esforço" e que as "moças vão simplesmente acabar partindo seu coração" – pensamentos inconscientes cristalizados em crenças que ele carregou por tanto tempo que se tornaram verdadeiros para ele. Na sua vida passada, ele se lembrou de ser, na Irlanda do século 19, casado com uma mulher que amava profundamente. Ela adoeceu e faleceu jovem, deixando-o com um sentimento de desamparo, tomado pela dor e pela tristeza.

Agora ele via que suas crenças a respeito das mulheres se baseavam em um medo inconsciente de se apaixonar e então sofrer uma perda ou ter o coração partido. Conseguiu perceber que seus padrões de relacionamento estavam baseados nesse medo e que ele estava se sabotando ao não se permitir conhecer nenhuma mulher além de um nível superficial. Depois de se abrir para a possibilidade de intimidade e amor verdadeiros, e também à possível dor decorrente da perda desse amor, ele conheceu sua futura esposa em menos de um ano. Ele me disse que não sabia ao certo se era a mesma mulher que ele amara antes, mas que "se sentia como costumava se sentir com ela".

Seus pensamentos inconscientes tinham se tornado crenças que o estavam impedindo de encontrar o amor verdadeiro, e, depois que conseguiu desvendar essas crenças e ver que elas não se baseavam na realidade, o amor o encontrou rapidamente. Ele só tinha de sair do seu próprio caminho e abandonar as crenças falsas e autodestrutivas que seus pensamentos inconscientes haviam forjado.

## REVISIONISMO HISTÓRICO

**EXAMINANDO SUAS CRENÇAS**

Pare por alguns minutos e anote algumas de suas crenças mais profundas.

Quero que você as separe em categorias: crenças sobre mim mesmo, crenças sobre meu cônjuge ou minha família, crenças sobre minha comunidade, minhas crenças espirituais, crenças sobre meu país ou crenças políticas, crenças sobre certas religiões, grupos ou minorias e crenças sobre o mundo em geral.

Sinta-se livre para acrescentar qualquer outra categoria que o atrair.

Quais são essas crenças? De onde elas vieram?

Algumas de nossas crenças foram herdadas da nossa família de origem ou tiveram a influência da nossa cultura ou formação. Outras se baseiam na experiência direta.

Olhe para a sua lista de crenças e considere suas raízes. Como você formou essas crenças?

Agora, vamos falar sobre o conceito de verdade. Muitas de nossas crenças se tornam verdade – *para nós*. É importante lembrar que verdade é um conceito pessoal, e que aquilo que talvez seja verdade para você não é necessariamente verdade para outra pessoa. Não existe algo como a verdade em um sentido universal; ela varia de pessoa para pessoa.

Quando temos um conjunto fixo de ideologias e sistemas de crenças e estamos demasiadamente apegados ao conceito da nossa própria verdade, ficamos cegos para os pontos de vista alheios. Quando começamos a mudar o modo como olhamos para nossos pensamentos e nossas crenças para entender que eles se baseiam nas nossas experiências singulares, também podemos transformar a maneira de enxergar a verdade. Criamos verdades durante muitas vidas e, aliás, uma das maiores oportunidades que temos em qualquer vida é encontrar a nossa própria verdade. Mas essa verdade não precisa ser fixa; ela é fluida, muda constantemente, e nós também devemos ser flexíveis.

Muita gente me diz que não acredita em vidas passadas, o que faz total sentido para quem nunca experienciou as suas próprias. Uma coisa é acreditar que algo existe ou é possível, e outra é experienciá-lo diretamente. Então, essa crença se torna sua própria verdade.

Ao enxergar sua verdade única dessa maneira, fica mais fácil ter compaixão por quem talvez não compartilhe das suas crenças. Quando você conhece outra pessoa que encontrou uma verdade diferente da sua, você pode aprender a enxergar essa crença como um produto dos pensamentos e das crenças dela, que, por sua vez, vieram das experiências dela. Se vocês dois têm uma verdade que é a sua, então o que há para discutir?

Quando você percebe que não é seus pensamentos ou crenças, pode controlá-los em vez de permitir que eles ditem suas experiências. Você consegue redefinir como e por que esses pensamentos ocorrem, examinando de onde eles vêm: as memórias do passado e do presente que os formaram.

Considere que suas crenças são pensamentos cristalizados. O que você vê é verdadeiro e único para você e somente para você. Lembre-se: seus pensamentos e suas crenças, assim como sua verdade individual, são conceitos fluidos. Isso significa que você sempre pode mudar seus pensamentos, e também suas crenças, para que sejam compatíveis com uma nova experiência.

## MOMENTO MEDITATIVO

Encontre um lugar confortável para se sentar, onde não se distraia, e feche os olhos.

Respire fundo algumas vezes e permita que seu corpo relaxe.

Conforme você se acomoda, perceba seus pensamentos.

Tente não se apegar a eles, mas, se algo lhe vier à mente, observe o que você está pensando.

Continue respirando fundo e percebendo seus pensamentos à medida que eles surgirem.

Não há necessidade de deter ou bloquear esses pensamentos. Em vez disso, coloque-se em um lugar de observação e assista aos seus pensamentos irromperem.

Agora, escolha um pensamento que gostaria de explorar.

Por exemplo, há algo que está deixando seu coração pesado?

Você está aborrecido ou preocupado com alguém ou alguma coisa?

Você está pensando em um evento futuro?

Pergunte a si mesmo:

Qual é a origem desse pensamento?

É alguma coisa que aconteceu antes?

Ou você está preocupado com um possível resultado futuro?

Tente permanecer no espaço de um observador.

Agora pergunte a si mesmo:

Qual é a fonte desse pensamento?

De que maneira ele está impedindo você de estar no momento presente?

Você conectou uma crença a esse pensamento?

Por ora, não há necessidade de responder a essas perguntas – mais uma vez, você só está observando.

Sempre que perceber que está tendo esse pensamento, diga a si mesmo: "Eu estou tendo esse pensamento".

Agora, quero que você pergunte a si mesmo quem é o "eu" que está tendo esse pensamento.

Permaneça nesse espaço por alguns instantes, e permita que sua resposta venha sem julgamento.

Abra os olhos devagar e pegue seu diário.

Quais de suas crenças estão ligadas a esse pensamento?

Por exemplo, se seu pensamento foi sobre a paz mundial, que crença você tem em relação a isso?

Você acredita que a paz mundial é possível?

Se seu pensamento foi sobre seu parceiro ou filho, quais são suas crenças que se relacionam a eles?

Agora que você descobriu como seus pensamentos e crenças estão conectados, quais são algumas das crenças que você tem e gostaria de questionar?

Você tem crenças que se baseiam no medo, no preconceito ou em experiências negativas?

Quais pensamentos estão conectados a essas crenças? Quando você muda seus pensamentos, você percebe que suas crenças também mudam?

*capítulo 6*

# VOCÊ NÃO É SEUS RELACIONAMENTOS OU PAPÉIS

Uma das coisas que definem nossa experiência em um corpo humano é o modo como nos relacionamos com os outros. Somos criaturas naturalmente sociais e não é da nossa natureza ficarmos sozinhos. Todos nós ansiamos por conexão e intimidade como parte das nossas necessidades básicas. Toque, comunicação, proteção e senso de pertencimento são importantes para todos.

É óbvio que as pessoas diferem em seus níveis preferidos de sociabilidade, dependendo de fatores como personalidade e ambiente, mas basta dizer que a necessidade de nos relacionarmos com os outros de maneiras significativas faz parte do nosso DNA e sem isso nós literalmente não sobreviveríamos.

Como temos um impulso inerente por interações significativas com os outros, acabamos tendo tipos diferentes de relacionamentos ao longo da vida. Por meio desses relacionamentos, desempenhamos vários papéis para suprir nossas necessidades sociais e emocionais. Somos maridos, esposas, pais, irmãs, filhas, irmãos, filhos, vizinhos, amigos, amantes, professores, alunos, chefes, funcionários – cada um deles descreve uma relação, mas também traz certas expectativas em relação ao papel que você deve desempenhar naquela dinâmica.

Nascemos em uma família, em uma comunidade, e instintivamente somos atraídos a fazer parte de um grupo ou de um casal. Sim, esse instinto tem um propósito biológico importante, que inclui proteção e procriação, mas também é algo que almejamos em um nível espiritual profundo. Queremos pertencer, nos sentir amados e ter um senso de conexão com outras pessoas.

Nem toda família ou comunidade oferece esse senso de pertencimento ou segurança. Alguns pais e mães não estão emocionalmente preparados para assumir o papel de pai e mãe. Muitos de nós experienciamos a perda desse tão necessário círculo de intimidade devido a morte, divórcio, doença mental, dependência de drogas, pobreza ou deslocamento. Muitos de nós sofremos por não termos pessoas suficientes em nossa vida que se importem, que cuidem de nós e nos protejam. Mas, mesmo para aqueles de nós que não cresceram em uma família tradicional, a necessidade e o desejo de viver em comunidade são inerentes e nos levarão a procurar essa sustentação social e emocional em algum outro lugar. Muitos de nós temos amigos que são "como família", um cônjuge que preenche a lacuna deixada pela falta de apoio parental ou vizinhos que dão uma passadinha para dizer "oi" e nos trazer comida quando estamos doentes. Nós precisamos uns dos outros.

Descobri que as conexões que você forma com as pessoas nem sempre acontecem porque vocês se conheceram ou seus caminhos se cruzaram nesta vida. Na verdade, muitas vezes elas se originam em uma vida passada que vocês compartilharam. Você é atraído para as mesmas pessoas repetidamente, e a conexão entre vocês tem significado e propósito profundos. Ao se reunirem nesta vida, vocês já têm uma base sólida que pode ser construída e expandida agora e no futuro.

Se você estiver disposto a olhar para isso, vai descobrir que existe um nível espiritual em todos os nossos relacionamentos, que vem da história que compartilhamos. Essas são suas almas gêmeas (ou almas afins).

Em todos esses anos em que venho trabalhando com vidas passadas, de longe, o tópico que mais interessa e fascina as pessoas é a ideia de almas gêmeas. Todos nós queremos saber quem são nossas almas gêmeas, como podemos encontrá-las se somos solteiros e como explorar nossa história de vidas passadas com outra pessoa. A noção de uma alma afim é incrivelmente romântica – a ideia de que você amou alguém antes e que, mesmo depois de terem sido separados pela morte, vocês se reencontraram através de oceanos do tempo.

Existem muitos estereótipos em relação a almas gêmeas, sobretudo em torno da ideia de que elas são românticas por natureza ou centradas em um parceiro de vida ou cônjuge. Mas nós temos muitas almas gêmeas, de muitos tipos diferentes. Aliás, passei a definir o termo como qualquer pessoa que você conheceu antes, em uma vida passada. Isso significa que a sua lista de potenciais almas gêmeas provavelmente é bem longa. E, considerando que nem sempre você teve a aparência que tem hoje, ou o mesmo gênero, etnia etc., você nem sempre esteve em um relacionamento com uma pessoa específica da mesma maneira. É isso que torna as coisas tão interessantes.

Tive o privilégio de testemunhar muitos clientes tendo experiências de vidas passadas, e aprendi que almas gêmeas são muito reais. Nós realmente nos reunimos com entes queridos que conhecemos antes. Para mim, é sempre incrível como o universo conspira para reunir duas pessoas que estão destinadas a se encontrar. Você pode ter nascido do outro lado do mundo de alguém com quem compartilhou uma vida passada e "por coincidência" trombar com ele na rua.

Eu amo demais histórias de almas gêmeas. Sim, sou uma romântica incorrigível, mas como eu poderia resistir quando tantas vezes há um toque de magia envolvido na maneira como duas pessoas que se conheciam antes voltam a se encontrar nesta vida? É simplesmente encantador e inspirador. Muitas vezes, existe uma coincidência ou sincronicidade envolvida, como um trem perdido, uma tempestade súbita ou um voo cancelado, traçando o curso do seu eventual encontro.

Ouço almas gêmeas descreverem a descoberta de coisas interessantes ou inusitadas que têm em comum, como o fato de suas mães fazerem aniversário no mesmo dia. Já ouvi falar até mesmo de almas gêmeas que passaram anos frequentando o mesmo grupo de amigos sem nunca se conhecerem, ou que tinham a sensação de que por pouco não se cruzaram algumas vezes antes de finalmente se conhecerem. Uma vez trabalhei com uma mulher que trabalhou no mesmo prédio que o seu atual marido durante anos, mas os dois só foram se conhecer, muito tempo depois, em um encontro às cegas.

E, mais uma vez, almas gêmeas não são apenas românticas. Uma vez alguém me contou que, quando conheceu sua futura sogra, ela lhe pareceu familiar, como se já se conhecessem. Ou que conheceu seu melhor amigo ao ser socorrido por um estranho após cair da escada por acidente. Ou que viu seu futuro filho em um sonho, anos antes de seu nascimento.

Nós temos muitas almas gêmeas, e podemos encontrar – e realmente encontramos – novas o tempo todo. A ideia de que uma alma gêmea é aplicável apenas a um parceiro romântico cria a falsa noção de que só existe uma pessoa no mundo para cada um de nós, a quem estamos procurando. Muita gente me diz que está solteiro porque está procurando esse parceiro perfeito, a pessoa que vai completá-la. Isso é uma falácia, em parte porque ninguém é "incompleto", mas também porque essa ideia impede as pessoas de ver e reconhecer a alma gêmea que está diante delas, naquele exato momento.

## PARA FAZER PENSAR

Quais são algumas das histórias de suas almas gêmeas?

Como você conheceu algumas das pessoas mais importantes da sua vida?

Logo que as conheceu, elas lhe pareceram familiares de alguma maneira?

Houve alguma coincidência? Vocês pareciam destinados a se encontrar?

Essa idealização excessiva das almas gêmeas está encapsulada em ideias que implicam que sua outra metade está por aí, e que ela também está procurando por você. Essa ideia vem da obra de Platão, o filósofo da Grécia antiga. Em *O banquete*, ele descreve uma lenda na qual o deus Zeus decidiu dividir os seres humanos em duas metades. Esses pedaços partidos foram condenados a passar muitas vidas procurando uns aos outros, na ânsia de serem inteiros novamente. De acordo com a história, Zeus fez isso porque tinha medo do nosso poder como seres humanos e queria diminui-lo para manter o controle sobre nós.

Descobri que existem quase tantas almas gêmeas possíveis no mundo para cada um de nós quanto existem escolhas na vida. Quando estamos em uma relação de parceria real, não somos só duas vezes mais fortes, somos exponencialmente mais fortes. Não estamos só procurando nosso par, mas também nosso *complemento*. Para achar esse complemento, entretanto, primeiro precisamos aprender a ser "suficientes" sozinhos. Procurar alguém que o complete não o guiará para uma parceria verdadeira da mesma forma que cultivar a si mesmo e ficar de pé por conta própria.

Pense em suas muitas almas gêmeas românticas potenciais como um baralho: o baralho dispõe de muitas cartas diferentes, todas representando possíveis parceiros de vida. Alguns serão eletrizantes e excitantes, enquanto outros serão mais pé no chão e estáveis. Alguns vêm com lições difíceis, enquanto outros são evoluídos e amorosos. Quando uma relação termina e você decide se separar de uma alma gêmea, as cartas voltam a ser embaralhadas e permitem que você encontre outro desses muitos parceiros em potencial.

Mais uma vez, não existe algo como "a pessoa certa", e nem todos os relacionamentos com almas gêmeas são românticos. Eles podem ser, e sua alma gêmea pode ser um parceiro ou cônjuge amoroso, mas também um familiar, um amigo, um colega de trabalho e até mesmo um inimigo. Na verdade, suspeito que todas as pessoas importantes ao seu redor, tanto os relacionamentos amorosos e as relações de apoio quanto os relacionamentos difíceis e desafiadores, são almas gêmeas que reencarnaram com você.

Todos os relacionamentos vêm com desafios. Mesmo o pai (ou mãe) mais amoroso e presente, o cônjuge mais generoso ou o filho (ou filha) mais gentil e adorado podem, bem, lhe dar nos nervos. Mas com frequência são esses conflitos e tensões que mais têm a nos ensinar. Muitas das principais lições da vida acontecem a partir de nossa interação com outras pessoas, e navegar por esses relacionamentos conscientemente é um veículo poderoso para o autodesenvolvimento. Ser honesto e aberto, aprender a dar e a receber amor em iguais medidas e permitir que outra pessoa seja um espelho e reflita suas partes que precisam crescer constituem uma prática espiritual envolvente.

## FERRAMENTAS PARA DESENVOLVER

**COMO RECONHECER UMA ALMA GÊMEA**

Como saber se alguém é sua alma gêmea?

Aqui estão algumas dicas para reconhecer uma alma gêmea quando você a encontrar:

- De alguma maneira, ela parece familiar ou você sente que talvez possa tê-la encontrado antes (embora não nesta vida).
- Você sente reconhecimento quando olha nos olhos dela. Os olhos são as janelas da alma, e você pode sentir uma conexão profunda, no nível da alma, quando olha nos olhos de uma alma gêmea.

- Certa qualidade na voz dela ressoa em você. Muitas pessoas descrevem terem se sentido atraídas pela voz de uma alma gêmea ao ouvi-la falar ou cantar.
- Você experiencia uma sensação de *déjà-vu* perto dela ou percebe que já a viu em um sonho.
- Seus caminhos *quase* se cruzaram antes.
- Vocês têm coisas estranhas, até mesmo aleatórias, em comum.
- Encontrá-la parece importante ou algo que estava destinado a acontecer.

Dada a importância dos nossos relacionamentos interpessoais, não é de surpreender que muitos de nós os vejam como parte da nossa identidade e de quem achamos que somos. Todos já ouvimos a ideia de que uma pessoa pode se perder em um relacionamento ruim, o que implica uma relação de codependência ou uma pressão para mudar aspectos dos seus hábitos ou personalidade para que o relacionamento funcione. Mas, em um nível mais simples, quantas vezes você já se sentiu tentado a responder à pergunta "Quem é você?" com um relacionamento ou papel? "Sou pai." "Sou chefe." "Sou professor." "Sou namorada." E assim por diante.

## HORA DO DIÁRIO

Pense por um instante nas pessoas importantes em sua vida.

Inclua aquelas que talvez já tenham falecido ou que não estejam presentes.

Tente colocá-las em algumas categorias.

Algumas estarão em mais de uma categoria. Para aquelas que não estão presentes, foque em quem elas eram quando estavam neste plano com você.

No seu diário, faça uma lista das pessoas que são naturalmente amorosas e solidárias e com quem é fácil se relacionar. Essas pessoas são as mais prestativas, confiáveis e seguras.

Agora, faça outra lista de pessoas na sua vida com as quais é difícil se relacionar. Sinta-se livre para escrever por que você pensa assim.

Quero que você olhe para as duas listas.

Essas são suas almas gêmeas. Mesmo as desafiadoras.

Quando observamos nossos relacionamentos pela lente das vidas passadas, percebemos rapidamente que definir quem somos por meio dos nossos relacionamentos é outra falsa identidade. Em vidas passadas, não fomos esses papéis e não tivemos os mesmos relacionamentos. Vivemos em um tempo e lugar diferentes, com um nome, aparência e gênero diferentes.

## MOMENTO MEDITATIVO

Sente-se por um momento, feche os olhos e respire fundo algumas vezes.

Quero que você se concentre em um relacionamento específico que você tenha; simplesmente escolha o que primeiro lhe vier à mente.

Enquanto está sentado e respirando profundamente, contemple:

Como esse relacionamento faz você se sentir?

Quais necessidades suas são supridas no contexto desse relacionamento?

Como você supre as necessidades da outra pessoa?

Como você pode honrar mais esse relacionamento?

Não somos nossos relacionamentos, mas isso não significa que esses relacionamentos não tenham sido parte integrante da nossa vida atual e das passadas. Estou disposta a apostar que a sua lista de almas gêmeas inclui pessoas que têm papéis distintos no seu cotidiano – não só seu parceiro ou cônjuge, mas seus pais, avós, filhos, irmãos, primos, amigos, colegas de trabalho ou chefe, e talvez até mesmo seu garçom preferido no restaurante perto da sua casa. O fato de que essas pessoas vêm de suas vidas passadas e de que vocês têm uma história anterior ao seu relacionamento atual ajuda a explicar por que é mais fácil conviver com algumas delas do que com outras.

Talvez você tenha um irmão com quem sempre discute sobre quem faz mais para ajudar seus pais idosos. Um chama o outro de egoísta e vocês brigam para ver quem é mais responsável. Mas pode ser que, em uma vida passada, você e seu irmão precisaram competir por recursos que eram vitais para a sobrevivência, como comida e água. Essa dinâmica perdura no relacionamento atual, já que vocês despertam essa competitividade um no outro, e talvez agora devam descobrir como compartilhar melhor as responsabilidades e ceder às necessidades um do outro, ao mesmo tempo que ajudam seus pais.

Ou talvez você tenha uma melhor amiga com quem nunca brigou, por nada, e vocês parecem se compreender e se amar naturalmente. Talvez isso seja assim porque ela foi sua mãe em uma vida passada, e aquele amor incondicional que ela tinha por você foi trazido para essa vida. A presença dela hoje é um presente que lhe ensina qual é a aparência desse tipo de amor em outro contexto. Lembre-se: você está aqui, reencarnado em outro corpo, para aprender. Esses aprendizados versam sobre o amor em suas muitas formas.

Nós desempenhamos papéis uns para os outros – mãe, amigo, funcionário, irmã, avô, engenheiro, presidente, jogador de futebol, colega de equipe. Dependendo da cultura e do momento, cada um de nós traz consigo certas expectativas.

Costuma-se esperar que uma mãe seja carinhosa, que cuide de seus filhos e seja maternal, o que implica a existência de certas qualidades inatas a esse papel. Espera-se que um marido seja provedor, protetor, caçador e guerreiro. Apesar de sentirmos que esses papéis são antiquados, as expectativas permanecem.

Quando eu era criança, uma das brincadeiras favoritas da minha família se chamava *Old Maid* ("Velha Donzela"). O baralho continha um número ímpar de cartas, e todas elas tinham um par, exceto uma – aquela com o desenho de uma mulher idosa de aparência desleixada, vestindo uma blusa confortável e com um gato no colo. Essa era a Velha Donzela, e o perdedor do jogo era a pessoa que sobrava com essa carta na mão. Era só um jogo de cartas, mas reforçava o estereótipo sobre as mulheres que chegam a "certa idade" ainda solteiras. Ser uma velha donzela significa ser a sobra, aquela que ninguém quer, e que, sem um parceiro, uma mulher não tem lugar na sociedade. Fica subentendido que, sem o papel de esposa, ela não está vivendo a expressão plena de quem deveria ser.

Mesmo na nossa sociedade mais esclarecida, tantas décadas depois, embora as expectativas e os papéis de gênero tenham mudado, persiste o fato de que, por exemplo, uma criança precisa do que poderíamos chamar de "cuidado maternal" da parte de alguém que exiba os traços maternos esperados.

É muito difícil resistir aos nossos vários papéis e à maneira como agimos em nossos relacionamentos com os outros. Afinal, somos criaturas sociais, e estar em relacionamentos é uma das nossas necessidades mais profundas. Alguns papéis que desempenhamos naturalmente exigem altruísmo, à medida que você posterga as próprias vontades, necessidades e desejos em consideração ao outro. Se esse papel for o de cuidador ou educador, pode ser especialmente difícil não dissolver seu senso de identidade ao cumpri-lo.

Nossos papéis e relacionamentos não são fixos: estão em mudança constante. Uma mulher que foi casada durante quarenta anos pode ficar viúva e em luto não apenas pela morte do marido, como também pela morte da sua identidade como esposa. Um pai solteiro que criou quatro filhos sozinho pode descobrir, depois que todos saem de casa, que não sabe quem é para além desse papel abrangente. Uma funcionária dedicada que trabalha à noite e aos fins de semana, colocando sua carreira acima da sua vida pessoal, é demitida ou se vê desempregada – e agora? Definir quem somos com base em nossos papéis ou relacionamentos não é a história completa. Mudanças e transformações naturais ao longo do tempo fazem deles um solo instável para a construção de uma identidade.

## CAVE MAIS FUNDO

Quero que você passe algum tempo pensando nas diversas maneiras como se apresenta aos outros em diferentes momentos de sua vida.

Que papéis você desempenha?

Como esses papéis moldam sua identidade?

Mais do que isso, os papéis que você ocupa agora e a natureza dos seus diversos relacionamentos nem sempre foram os mesmos. Podemos mudar de papéis uns com os outros, e de fato mudamos ao longo de muitas vidas. Relacionamentos são sobre aprender e crescer. Se continuássemos passando por vidas idênticas, não estaríamos ampliando nosso potencial de crescimento nesses relacionamentos. Sua filha nesta vida pode ter sido sua mãe em uma vida passada. Seu cônjuge pode ter sido seu pai ou sua mãe, seu amigo, seu chefe, seu irmão – bem, você entendeu. Estamos aqui para aprender sobre o amor de distintos ângulos: amor romântico, amor familiar, amor materno, amizade, admiração, obsessão (uma forma tóxica de amor) e amor-próprio. Todos eles são amor.

Pode parecer estranho que um relacionamento que você sente como tão central e específico possa um dia ter se constituído de um tipo totalmente diferente de amor. Vi muitos clientes descobrirem que seus entes queridos de hoje já haviam estado com eles antes e, embora fiquem surpresos inicialmente com essa mudança na dinâmica, acabam dizendo que, de certa maneira, ela faz sentido.

Uma vez trabalhei como uma mulher que viu que seu filho de 6 anos havia sido seu marido, e que seu marido tinha sido seu irmão. Ela riu e disse que seu filho demonstrava instintos protetores em relação a ela e estava em sintonia com suas necessidades emocionais, e que seu marido era seu melhor amigo e "companheiro de bar favorito". Ficou claro que algum resíduo da dinâmica antiga tinha se mantido.

Muitas vezes também vejo almas gêmeas em determinados padrões porque elas precisam de mais de uma vida para aprender a lição ou superar o desafio que o relacionamento está apresentando. Um casal pode se casar muitas vezes ao longo de muitas vidas, mas trocar de gêneros ou papéis, como quem é o provedor e quem cuida da casa. Ou uma mãe e uma filha podem se alternar, revezando-se no papel de mãe com o objetivo de lapidar uma compreensão multidimensional uma da outra naquele contexto específico.

Nossos relacionamentos com diversas almas gêmeas são um presente. Eles são sagrados porque fazemos acordos uns com os outros, ou contratos de alma, que estipulam de que maneira vamos ajudar uns aos outros em cada vida e apresentar determinada lição, que pode ser sobre reconhecer e receber amor.

Nossos relacionamentos difíceis também são um presente, mesmo que não pareçam ser. Tenho certeza de que você é capaz de olhar para um relacionamento difícil e perceber tanto a influência dele sobre seu aprendizado e crescimento quanto o papel que ele teve em fazer de você a pessoa que é hoje. A visão em retrospecto sempre traz clareza.

Lembre-se de que nossos papéis e relacionamentos são mutáveis, de modo que, se você acha que quem você é tem algo a ver com a sua dinâmica atual com outra pessoa, pense de novo. Você não é seus relacionamentos e não é definido pelos papéis que desempenha. Você já foi mães, pais, avós e filhos.

Você também teve vidas nas quais não se casou e não teve filhos, e outras nas quais teve uma grande família ou comunidade, e em cada uma delas encontrou sua identidade de outras maneiras. Embora as pessoas mais importantes da sua vida, as suas almas gêmeas, desempenhem um papel crucial em suprir suas necessidades como ser humano e sejam alguns dos seus principais professores, elas também não definem você.

Lembre-se: o relacionamento mais importante que você terá é aquele que tem consigo mesmo.

## REVISIONISMO HISTÓRICO

### MUDANDO DE PAPÉIS COM SUAS ALMAS GÊMEAS

Para este exercício, quero que você escolha uma pessoa com quem esteja em um relacionamento. Pode ser qualquer pessoa, desde o seu cônjuge até o seu vizinho.

Siga com a primeira pessoa que lhe vier à mente. Faça este exercício quantas vezes quiser, mas, por ora, apenas escolha uma pessoa em quem se concentrar.

Pense no seu relacionamento. Quem é você para essa pessoa, e quem é essa pessoa para você? Quais papéis vocês desempenham um para o outro?

Agora imagine essa pessoa em um papel ou relacionamento diferente. Escolha um que seja menos íntimo do que o que vocês têm hoje.

Por exemplo, se vocês forem mãe e filha, imagine que são irmãs que moram em lados opostos do país. Ou, se vocês forem cônjuges, imagine que são amigos ou colegas de trabalho.

Quero que você realmente se demore nessa nova dinâmica e crie uma história sobre como vocês interagem entre si.

Sobre o que vocês conversam?

Quanto tempo passam juntos?

Quais necessidades atendem um para o outro?

Agora repita o exercício, mas, desta vez, torne o relacionamento mais íntimo, até mesmo mais próximo. Se vocês forem casados, imagine que são gêmeos. Se forem gêmeos, imagine que são casados.

Como você se sente nesse relacionamento?

O que é esperado de você nesse relacionamento?

O que você espera conseguir de volta?

capítulo 7

# VOCÊ NÃO É SEU SOFRIMENTO

Uma das coisas sobre a vida com a qual sabemos que podemos contar é que cada um de nós terá a própria cota de desafios e dificuldades. Lidar com situações dolorosas ou decepcionantes é inevitável.

Todos nós vivenciamos perdas, doenças, morte de entes queridos, tragédias e desastres. Esses eventos dolorosos muitas vezes fogem completamente ao nosso controle, o que pode acrescentar um sentimento de impotência à dor emocional.

A vida é cheia de alegria e beleza, mas também tem a ver com sofrimento. Embora alguns de nós pareçam passar por ela quase ilesos, ninguém está imune. Também não existe justiça na maneira como os desafios são distribuídos. Uma pessoa pode ter chegado à meia-idade sem nunca ter perdido um ente querido, enquanto seu vizinho experienciou a morte de um familiar próximo ainda criança. Ou alguém tem a sorte de ter encontrado um parceiro amoroso na faculdade, enquanto outro está na casa dos 50 anos e continua sozinho, procurando e desejando esse tipo de amor e apoio. Algumas pessoas são abençoadas com uma saúde robusta, enquanto outras são atormentadas por doenças crônicas durante anos.

Conheço pessoas que precisaram lidar com um desafio após o outro e ficam se perguntando o motivo. Por que a vida delas é tão mais difícil que a dos outros? Como pode ser justo que elas tenham de lidar com tanta coisa?

Quando eu era criança, tinha muita dificuldade com a ideia de justiça. Como a vida podia ser tão boa com alguns e tão cruel com outros? Eu pensava em como alguns bebês morrem na infância, enquanto outras pessoas chegam aos 100 anos. Alguns são abençoados com corpos fortes, enquanto outros perdem a capacidade de andar depois de um acidente de carro. Por que algumas pessoas nascem ricas e bem cuidadas, enquanto outras nascem na extrema pobreza ou com pais que não conseguem lhes oferecer o amor de que precisam e merecem? Por que coisas ruins acontecem a pessoas boas, gentis e amorosas?

Cresci em uma família que não acreditava em reencarnação e que nem sequer sabia de que se tratava esse conceito. Então, eu me perguntava: se temos uma única vida e, portanto, somente uma chance de experimentar tudo o que existe, como pode existir tamanha injustiça?

Foi só quando descobri a reencarnação – que *não* temos uma única existência e uma única chance de vivenciar a alegria e a plenitude daquilo que a vida em um corpo humano tem a oferecer – que consegui aceitar essa aparente injustiça. Descobrir que existe muito mais do que esta única vida me ajudou a abrir uma cortina para uma visão mais ampla. Às vezes recebemos um desafio, e não outro; às vezes temos uma vida "mais fácil" ou uma vida com muitos conflitos e dor.

Então, para que serve tudo isso? Por que temos de vivenciar esses aspectos mais difíceis da vida? Por que não podemos todos simplesmente ter vidas tranquilas e plenas de alegria? Qual é o propósito desses desafios? Hoje acredito que os golpes duros que experienciamos são a maneira como aprendemos e crescemos. Passamos por dificuldades, dor e sofrimento por causa do que eles nos ensinam. Não é fácil, mas é assim que crescemos.

O crescimento oriundo dessas experiências vem da maneira como suportamos ou lidamos com esses desafios, de como os aceitamos e decidimos superá-los. É assim que ganhamos sabedoria – mesmo que às vezes essa seja uma prova de fogo. Como aprendemos fazendo, precisamos ter experiências em primeira mão para realmente absorver as lições. Esse é o "porquê" da reencarnação, o objetivo de voltar para a Terra em um novo corpo repetidas vezes: queremos evoluir e crescer.

E adivinhe: você escolheu estar aqui e assumir os desafios específicos de sua vida.

Sei que essa pode ser uma ideia difícil de processar, especialmente se você estiver atravessando um momento particularmente doloroso. Mas nossas vidas têm um tipo de plano geral que foi decidido antes de nascermos. Por meio das experiências dos meus clientes, aprendi que existe um processo que acontece depois da nossa morte que pode ser mais bem descrito como uma revisão de vida. Após fazer a transição de um corpo para um espírito, passamos algum tempo contemplando a vida que acabamos de viver, olhando para os eventos que aconteceram e considerando as escolhas que fizemos. Examinamos em quais situações conseguimos ser bondosos, amorosos, gentis e prestativos, e em quais poderíamos ter agido melhor e feito escolhas diferentes e mais amorosas.

O que é especialmente interessante é o fato de que as pessoas descrevem esse período da vida após a morte com uma consistência notável. Elas também observam que o processo de revisão é autoconduzido, e não o que muitos imaginam com base no estereótipo do Dia do Juízo Final, durante o qual você seria humilhado e punido pelos erros que cometeu. Esse processo é muito mais compassivo do que isso.

No fim das contas, cabe a cada um de nós olhar para nossas vidas e decidir em que pontos podemos melhorar. Olhamos para quais eram os nossos objetivos iniciais e em que medida os atingimos. Considerando o que ainda precisamos aprender e experienciar, fazemos um plano para a próxima vida que inclui todos os desafios e dificuldades que decidimos enfrentar.

Após essa revisão de vida, planejamos a próxima encarnação com base no que gostaríamos de ter feito de diferente e nas lições que ainda precisamos dominar. Durante esse processo, muitas vezes consultamos os nossos guias espirituais, que têm a sabedoria e a perspectiva que nós não temos. Decidimos onde vamos nascer, quem serão os nossos pais, o local e as circunstâncias dessa vida e as dificuldades que vamos enfrentar. (Dito isso, uma vez renascidos, temos livre-arbítrio e nada está predeterminado sobre como *responderemos* aos conflitos. Como lidamos com nossas dificuldades é o maior teste na escola da vida em que continuamos reencarnando, na esperança de passarmos para o próximo nível.)

Muita gente me pergunta: "Quando é que acaba? Quando terei aprendido o suficiente para parar de reencarnar?". A verdade é que eu acho que isso nunca acaba. Tudo na natureza existe em ciclos infinitos de vida, morte e renascimento. Como somos parte da natureza, por que seríamos diferentes? Não importa o quanto aprendemos, crescemos e evoluímos, sempre haverá mais para saber e maneiras de nos tornarmos seres humanos melhores, mais sábios e mais amorosos.

## UM POUCO DE DIRECIONAMENTO

**O QUE É UM GUIA ESPIRITUAL?**

Todos nós temos guias espirituais, ou seres que estão em espírito, não encarnados, e que estão ao nosso redor durante todo o tempo.

Eles sabem o que está acontecendo na nossa vida, amam e cuidam de nós e nos dão *insights*, informações e orientações quando precisamos.

Muitas vezes eles são a fonte de coincidências ou sincronicidades, podem facilitar quando e como encontramos uma alma gêmea e nos ajudam a atravessar épocas desafiadoras.

Eles podem ser ancestrais já falecidos: pais, avós ou bisavós, tias e tios e irmãos.

Também podem ser amigos e pessoas que conhecemos, amamos e com quem tínhamos contato.

Guias espirituais também podem ser pessoas que conhecemos em uma vida passada e que estão do outro lado.

Outros são professores, mentores e seres sábios que alcançaram um nível mais elevado de aprendizado e evolução do que nós e nos guiam com base no conhecimento e na compreensão que conquistaram. Algumas pessoas chamam esse tipo de guia espiritual de anjo, arcanjo, mestre ascendido e espírito mestre.

Todos esses guias espirituais podem nos guiar e nos guiam, quer os tenhamos conhecido nesta vida ou não.

Uma vez trabalhei com uma mulher que tinha sofrido uma infância extremamente abusiva. Seus pais não estavam preparados emocionalmente para ter uma filha e também abusavam de drogas com regularidade. Seu pai era violento – a ponto de quebrar seus ossos uma vez, um incidente que levou os serviços de proteção à infância a tirá-la de sua casa e colocá-la a cargo de pais temporários também abusivos e emocionalmente negligentes.

Ela teve uma vívida experiência de vida passada, após a qual encontrou seus guias espirituais e percebeu que ter aqueles pais específicos a levara a tratar os próprios filhos com gentileza, amor e carinho. Ela conseguiu superar circunstâncias traumáticas para se tornar a pessoa e a mãe que é hoje.

## PARA FAZER PENSAR

**QUAIS SÃO SEUS MAIORES DESAFIOS?**

Pare por uns minutos para pensar na sua vida até agora.

Quais foram seus maiores desafios?

Como você lidou com eles?

Quais são algumas das lições que esses desafios lhe ensinaram?

Meu objetivo é nunca dizer a alguém que está atravessando um momento difícil que essa pessoa escolheu isso, deixando subentendido que ela deveria aguentar a provação. Cada um dos nossos caminhos é único, e não nos cabe julgar as escolhas que o outro fez, neste ou em outro plano. Em caso de dúvida, devemos sempre demonstrar compaixão e amor por nossos semelhantes, porque eles, assim como nós, também estão enfrentando as dificuldades da vida.

Muitos dos nossos momentos mais difíceis podem resultar em traumas, o que apresenta desafios complexos por muitos anos ou por uma vida inteira. Os sintomas podem só aparecer depois de um tempo, mas perduram por anos, afetando o corpo, a mente e o espírito. Um evento traumático pode destruir sua percepção do mundo tal como você o entende e lhe roubar a sensação de segurança e proteção.

Sintomas de transtorno de estresse pós-traumático (TEPT) incluem ansiedade, imagens e pensamentos intrusivos, *flashbacks*, pesadelos e sono agitado, além de ataques de pânico, hipervigilância, depressão, dormência e comportamento evitativo, como o abuso de álcool e drogas.

O trauma e seus efeitos duradouros devem ser levados a sério ao se analisar o impacto deles tanto na sua vida quanto na vida dos outros. Se algum desses sintomas soa familiar, reserve um tempo para reconhecer o que lhe aconteceu, dê a si mesmo espaço e tempo necessários para processar o trauma e procure um profissional de saúde mental qualificado para guiá-lo no trabalho de cura, muitas vezes doloroso e árduo.

O trauma decorre de eventos que você pode atribuir a esta vida, mas seus sintomas também podem vir de uma vida passada. Anos atrás, trabalhei com uma mulher que foi diagnosticada por seu terapeuta com TEPT. Ela tinha ataques de pânico e ficava ansiosa a ponto de ter medo de sair de casa, o que estava claramente afetando sua qualidade de vida. Mas o que ela achava mais perturbador era não conseguir se lembrar de nenhum evento traumático específico que poderia tê-la afetado de maneira tão profunda.

Como muitos dos seus sentimentos de ansiedade estavam centrados em seus dois filhos pequenos, seu terapeuta pensou que talvez o TEPT decorresse do parto difícil ou traumático de um deles, e que ela poderia ter guardado isso no seu inconsciente. Ela considerou essa possibilidade, mas nenhum dos dois partos havia sido de fato difícil, e então ela continuou sem conseguir chegar exatamente à causa raiz para lidar com seus sentimentos de uma maneira que lhe permitisse encontrar a cura. Ainda assim, sua resposta emocional ao trauma era de fato muito real.

Quando trabalhamos juntas, ela teve uma vívida experiência de vida passada como uma mulher na França do século 18 cujos filhos haviam sido tirados dela de maneira violenta. Ela percebeu que seu TEPT vinha daquela vida, e não desta.

Portanto, seu terapeuta estava parcialmente certo, porque se tornar mãe e dar à luz os seus filhos fizeram o trauma aflorar do seu inconsciente. Após perceber de onde vinha o medo de perder os filhos, seus sintomas de TEPT desapareceram por completo.

Também trabalhei com uma mulher que apresentava sintomas de abuso sexual. Ela não conseguia se recordar do que tinha sofrido, mas é comum que vítimas de abuso enterrem memórias traumáticas para se protegerem. Seu terapeuta pensou que talvez o evento gatilho tivesse ocorrido durante a infância. O processo de tentar chegar à raiz do que havia acontecido com ela quase destruiu sua família.

Então, durante uma sessão comigo, ela descobriu que realmente havia sofrido abuso sexual em uma vida passada.

Essa é uma das razões pelas quais é vital sempre acreditar nas vítimas e respeitar os sentimentos que surgem. A mente inconsciente é um oceano profundo que contém memórias desta vida e também das passadas.

É possível vivenciar traumas de vidas passadas tão vívida e emocionalmente ressonantes quanto qualquer coisa que tenha acontecido nesta vida. Às vezes são as duas coisas, e o trauma de uma vida passada é apenas mais uma camada por baixo do trauma que você experienciou nesta vida.

Mas, apesar dos traumas que suportamos, nós, seres humanos, somos fortes e resilientes. Ao longo dos anos, fui percebendo quanto sofrimento cada um de nós já suportou – *e* como muitos de nós ainda conseguem sobreviver, prosperar e avançar de uma forma poderosa e significativa.

Quando você olha para suas vidas passadas e memórias específicas de vidas passadas, uma das coisas que salta aos olhos é quão difíceis algumas das suas experiências foram. Você não precisa ser historiador para saber que os seres humanos passaram por dificuldades de muitos tipos ao longo de muitos milênios. É muito provável que todos nós tenhamos passado por guerras, doenças, escravização, tortura, assassinato, perseguição, traição, fome, enchentes e miséria.

Quando você compreende que já recebeu esses desafios extremos antes e os superou com sucesso, consegue ver sob uma nova luz sua maneira de abordar as adversidades com que esteja lidando hoje. Você já foi testado em batalha. Você pode se sentir empoderado com base naquilo que superou e na sabedoria que trabalhou tanto para conquistar.

Talvez você tenha perdido seu emprego e esteja preocupado sobre como vai conseguir pagar o aluguel, as contas e sustentar sua família. Você também sabe que em uma vida passada não tinha casa, vivia na pobreza extrema e acabou morrendo de fome porque não tinha uma rede de apoio e morava em uma cidade pequena, onde não havia oportunidades de emprego. Você fez o melhor que podia naquelas circunstâncias, mas não conseguiu sobreviver àquele infortúnio.

Apesar de não ter sobrevivido naquela vida, você conseguiu trazer consigo para esta vida a sabedoria que adquiriu, assim como o conhecimento de que passou por uma situação similar antes e de que algumas coisas mudaram para melhor. Hoje, você é educado e pode se mudar de cidade com mais facilidade em busca de um emprego, e há muito mais empresas disponíveis para que consiga iniciar uma nova carreira.

Você percebe que, mesmo que perder o emprego seja estressante, você vai acabar encontrando outro. Por ora, você tem um teto sobre sua cabeça. Suas vidas passadas lhe dão novos *insights* e perspectivas de que sua situação pode ter sido pior antes, dando a você uma chance para se concentrar nas bênçãos da sua vida hoje.

Dizem que o que não nos mata nos fortalece. Bem, às vezes se trata de algo que matou você. Às vezes, o que você suportou fez com que sua vida passada terminasse. Mas você ainda pode usar as experiências daquela vida para se tornar mais sábio hoje. Então isso ainda pode torná-lo mais forte.

## CAVE MAIS FUNDO

Pare por um minuto e, sem se deter muito a elas, faça uma lista das coisas na sua vida que lhe fizeram sofrer.

Pode ser qualquer coisa que lhe vier à cabeça – um pequeno incidente ou um grande problema.

Escreva o que lhe ocorrer, ainda sem análises e julgamentos.

Quando você tiver uma lista (de qualquer tamanho), reserve um minuto para pensar na pessoa que você era antes do evento que causou esse sofrimento. Escreva duas ou três palavras que lhe vêm à mente para descrever essa versão anterior de você.

Pense em quem você se tornou depois desse evento, na pessoa que você virou depois de passar por esse sofrimento.

Escreva algumas palavras que descrevam aquela pessoa que sobreviveu àqueles desafios difíceis ou dolorosos.

O que você percebe? Como você mudou?

Falamos sobre a injustiça de algumas pessoas enfrentarem mais dificuldades do que outras, ou por que coisas ruins acontecem a pessoas boas, o que está ligado ao conceito de carma. Carma é a ideia de que suas ações na vida, sejam elas boas ou ruins, ditam os termos da sua próxima encarnação. Isto é, se você não é uma boa pessoa nesta vida, você será punido na próxima, enfrentando mais dor e dificuldades do que enfrentaria de outra maneira. Descobri que isso não é totalmente verdade; o processo é muito mais complicado do que isso.

*Carma* é uma palavra em sânscrito que significa "ação", o que implica que estamos no controle da energia que criamos em torno das nossas vidas e das nossas escolhas. O carma não é uma coisa que "recebemos", e sim um resultado direto das nossas ações. Você pode ter ouvido falar isso combinado com as palavras *bom* e *ruim* – isto é, agir com bondade e generosidade confere a nós um "bom carma", o que nos rende uma recompensa na próxima vida, enquanto o "carma ruim" é algo que tememos, pois esconde a ameaça de punição.

Um dos temores mais comuns dos meus clientes é a ideia de que, ao se deparar com memórias de vidas passadas, eles descubram que foram uma "pessoa terrível" em alguma delas. A ideia de que você pode não gostar de si mesmo ou das coisas que fez se torna um obstáculo à abertura plena desse processo. Tento explicar que todos nós erramos. Lembre-se de que o objetivo de estarmos aqui é aprender e crescer.

Carma não tem a ver com punição. Eu acredito que "o bem que você faz volta para você", isto é, se você for uma pessoa amorosa e gentil, vai atrair certos presentes e oportunidades baseados nessa vibração. Mas, mesmo assim, muitas pessoas boas passam por momentos difíceis, enquanto pessoas egoístas, mesquinhas e intolerantes têm vidas encantadoras. É por isso que você nunca deve julgar ninguém com base no que imagina que seja o carma dela.

Aqueles entre nós que conseguiram atravessar alguns desafios imensos frequentemente parecem ser mais felizes, mais sábios e têm uma força de caráter que outras pessoas não têm. São capazes não somente de dar um passo gigante no próprio crescimento e desenvolvimento espiritual, como também um enorme salto na evolução da própria alma. O sofrimento, entretanto, muitas vezes é causado pela maneira como vemos os nossos desafios ou lidamos com eles. Talvez seu animal de estimação amado tenha acabado de morrer após um longo período doente. Você, é claro, fica arrasado, mas tem a escolha de se ater aos momentos maravilhosos que tiveram juntos ou se afogar na tristeza. Ou talvez você tenha recebido um diagnóstico assustador do seu médico. Sua saúde está em jogo, e talvez até mesmo sua vida. Você vai desistir, escolher ficar bravo, deprimido e retraído diante da injustiça das coisas? Ou vai seguir os conselhos do seu médico ao pé da letra, pesquisar por conta própria sobre sua condição para descobrir se alguma mudança de estilo de vida pode maximizar seu potencial de cura e encarar o desafio com uma atitude positiva?

Você sempre tem uma escolha. Às vezes, não importa o que a vida reserva para você, mas como você responde a isso. Dificuldades não são opcionais; são obrigatórias, e não há como contorná-las. Mas como elas o impactam é de sua própria responsabilidade.

Não estou tentando ser leviana sobre a facilidade de mudar sua perspectiva a respeito desses tipos de catástrofes pessoais. Passei por mortes na minha família, divórcios, dificuldades financeiras, decepções e mágoas. Como todo mundo, eu sofri. Afastar-se do sofrimento aceitando que os desafios da vida são aqueles que *você* escolheu antes de nascer não é algo que a maioria de nós consiga fazer. Podem ser necessárias muitas vidas para aceitar a verdade de que existe um panorama maior nesta existência e que o sofrimento é opcional, mesmo nos piores momentos.

Se todos nós tivéssemos dominado isso, não estaríamos aqui, esforçando-nos nesta escola da vida. Se olharmos ao redor, talvez vejamos que alguns dos nossos semelhantes estão mais à frente no caminho do que nós. Algumas pessoas já reencarnaram muitas vezes e tiveram diversas vidas passadas, conquistando sabedoria por meio da experiência. Talvez você conheça a expressão *alma antiga*, mas não acredito que idade seja garantia de sabedoria. Você pode ser velho e ainda continuar ignorante. Prefiro usar a expressão *alma evoluída* para descrever pessoas que já estiveram aqui muitas vezes antes, entenderam algumas coisas importantes sobre a vida e sobre como melhor vivê-la e dedicaram tempo e esforço para maximizar seu potencial de crescimento.

O sofrimento não define você. Quando você olha para o conjunto das suas vidas, pode se inspirar naquilo que já passou. Essa perspectiva não faz seus desafios desaparecerem, mas, quando você percebe que existe um propósito no seu sofrimento e que sua alma escolheu esse caminho, você não precisa mais permitir que esse sofrimento se torne sua identidade. Essa é só a batalha de hoje, e você já lutou e venceu antes, em muitos lugares e épocas.

## HORA DO DIÁRIO

Quero que você pegue seu diário.

Pare por um momento e escolha algum desafio específico de sua vida. Pode ser algo com que esteja lidando atualmente ou algo que enfrentou no passado.

Siga a primeira coisa que lhe vier à mente, sem pensar demais.

Pergunte a si mesmo:

O que tornou essa situação desafiadora? Como ela fez você se sentir?

Como você lidou com ela? O que aconteceu?

Como ela se resolveu ou você está trabalhando para resolvê-la?

Agora, quero que você escolha aleatoriamente um número entre 1 e 10 mil. Escolha o primeiro número em que pensar.

Esse número é a data ou ano em que você está.

Ao decidir a data, você pode escolher se o ano é a.C. ou d.C.

Por exemplo, se você escolheu o número 500, ele pode representar o ano 500 d.C., que ocorreu cerca de 1.500 anos atrás, ou o ano 500 a.C., cerca de 2.500 anos atrás.

Agora, esteja realmente lá.

O que você sabe sobre o que estava acontecendo no mundo naquele tempo?

Como era a vida naquela época?

Agora, imagine que você está lidando com o mesmo desafio que escolheu no início deste exercício, mas durante o ano que escolheu.

O que haveria de diferente? O que mudaria?

De que maneira estar naquele período muda sua maneira de olhar para esse desafio?

Quais elementos da sua luta são universais e seriam verdadeiros em qualquer período?

capítulo 8

# VOCÊ NÃO É SUA "HISTÓRIA"

Anos atrás, viajei para Taos, no Novo México, para procurar uma curandeira Cherokee que eu queria conhecer.

Foram anos difíceis: me divorciei, me tornei mãe solo de duas crianças que ainda usavam fraldas, me mudei para o outro lado do país e perdi minha querida avó.

Eu queria aprender com a curandeira, mas também queria ser curada.

Não tenho certeza de como eu esperava que ela fosse, embora talvez tivesse alguns estereótipos New Age em mente. Como ela era "espiritual", imaginei que ela seria calorosa e amorosa, que me convidaria para seus braços e me curaria com um abraço gentil.

Quando abri a porta, porém, uma mulher de aparência ríspida, com olhos pretos e penetrantes como os de um corvo, passou por mim e apontou para uma cadeira. Eu me sentei.

Ela me encarou atentamente, ignorando meu desconforto com a falta de cordialidade, e perguntou: "Por que você está aqui?".

Comecei a balbuciar minha história triste – quem eu sou, a mágoa que sofri, os eventos traumáticos dos últimos anos.

No meio da minha primeira frase, ela se levantou de forma abrupta e sacudiu a mão com impaciência na frente do meu rosto.

"Essa é uma história muito chata", ela disse. "Você acha que é a única com uma história."

Fiquei de queixo caído, incrédula. Enquanto estava sentada ali, perplexa, ela prosseguiu: "Se você continuar contando essa história, ela vai continuar te seguindo".

Não precisei de muito tempo para entender que ela estava certa. Era uma história muito chata mesmo. E, como eu não parava de contá-la, continuava fazendo dela uma verdade. Além de ela ficar me seguindo, eu tinha passado a me identificar com ela. Enquanto eu a contasse, ela seria minha.

Com o tempo, aprendi muito com essa sábia curandeira e percebi que, apesar do meu julgamento inicial, ela era extraordinariamente gentil, bondosa e amorosa. Eu também tinha criado uma história sobre ela – uma ideia preconcebida sobre quem eu achava que ela devia ser em vez de quem ela era.

As histórias que contamos sobre nós mesmos e os outros têm poder, pois, se não paramos de contá-las, elas se manifestam e continuam a ser verdadeiras. As situações e circunstâncias das nossas vidas seguem o exemplo, baseadas nessa narrativa contínua.

As histórias que contamos sobre nós mesmos e sobre os outros são formadas por atitudes, crenças, preconceitos e ideias preconcebidas, e não pelo que está realmente diante de nós. Com frequência, nossa narrativa pessoal se baseia em sentimentos profundos sobre quem acreditamos ser e o que sentimos que *deveríamos* querer, necessitar e merecer.

Todos nós temos uma história para contar. Aliás, é contando histórias que expressamos nossa identidade, destacamos como nos apresentamos para os outros, além de poder ser uma resposta inconsciente ou uma máscara que estamos acostumados a usar. Nossas histórias incluem nosso nome, aparência, origem, posição social, carreira e os papéis que desempenhamos na nossa família e na sociedade. Naturalmente, queremos nos caracterizar de uma maneira que reforce que somos únicos e interessantes. É da natureza humana categorizar a nós mesmos e aos outros para entender qual é nosso lugar na ordem social.

É por meio da contação de histórias que podemos nos conectar com outra pessoa com base em como ela descreve sua presença no mundo. As histórias também nos ajudam a compreender e a processar informações uns sobre os outros de uma forma compreensível e memorável.

Como você responde quando alguém lhe pergunta "Quem é você?"? Talvez você pense em responder com seu nome e alguns traços e características físicas, como alto, baixo, magro, curvilíneo, de cabelos cacheados, ficando careca, de olhos azuis ou moreno. Talvez você inclua características da sua personalidade, como engraçado, esperto, tímido ou franco. Ou sua resposta pode incluir seu emprego e os papéis que você desempenha, como advogado, professor, mãe de três filhos, mecânico, cunhado, marido ou cozinheiro. Tudo isso é parte da sua história.

## PARA FAZER PENSAR

**QUAL É SUA HISTÓRIA?**

Qual é sua história?

Como você a conta?

Passe alguns minutos pensando nas histórias que você conta sobre si mesmo.

Que elementos você inclui?

Com frequência, nos apegarmos a essa história, em torno da qual nossa identidade se cristaliza. Quando nos perguntam "Quem é você?", estas seriam respostas compreensíveis: "Sou de Cleveland", "Sou professor", "Sou esposa e mãe e estou lutando contra um câncer" ou "Sou um homem asiático-americano de 30 anos que acabou de perder o emprego". Todas essas respostas são histórias.

Algumas histórias que contamos são sobre coisas que consideramos positivas, como triunfos, êxitos, conquistas e eventos especiais. Você pode dizer: "Sou a garota que venceu a corrida", ou "Acabei de me casar" ou "Acabei de ser aceita em um curso em uma ótima faculdade". Essas histórias também podem incluir coisas negativas pelas quais você passou, como doença, divórcio, perdas e fracassos.

Mas, lembre-se, você viveu muitas vidas, e junto com elas vêm as histórias que formulou na época. As histórias que você contou sobre si mesmo em uma vida passada eram verdadeiras naquela época, mas agora você tem uma vida diferente, com histórias singulares. Quando você muda sua percepção da realidade para incluir todos os seus eus passados, você começa a perceber que você é muito mais do que sua história.

É fácil ficar preso à história da sua vida, a que você está vivendo agora. Afinal, sua história descreve sua realidade cotidiana com base na sua aparência, no que você faz, no que aconteceu com você etc. Quem você *seria* sem a sua história? O segredo é lembrar que a sua história é só um pedaço de um bolo muito maior. Você tem milhares de histórias que abrangem muitos séculos e todos os continentes.

## CAVE MAIS FUNDO

Quero que você pense sobre a sua história, aquela que você conta a si mesmo e aos outros sobre quem e como você é.

Ao trazer essa história à mente, perceba como ela faz você se sentir.

Que papel essa história tem na sua vida?

A história muda dependendo da pessoa para quem você a está contando? Se sim, como?

A história é essencialmente uma narrativa contada por uma sociedade, pelas lentes da elite e dos privilegiados, dos governantes e dos vencedores. Dito isso, as histórias que contamos têm sim um propósito importante. A arte de contar histórias é quase tão antiga quanto o próprio tempo, representando uma parte fundamental de ser humano. As histórias compartilham informações de uma maneira que desperta nossa empatia. É por meio delas que conseguimos nos entender mutuamente como indivíduos e os caminhos que percorremos. Contamos histórias para compreender o mundo e o nosso lugar nele.

Nossos ancestrais mais antigos faziam pinturas em cavernas. Essas representações de eventos ou conquistas importantes transmitiam conhecimento prático e estabeleciam crenças sobre a cultura. Com o tempo, essas histórias evoluíram para tradições orais que foram passadas de geração em geração e, eventualmente, acabaram se tornando narrativas que foram relatadas, representadas, escritas e digitadas.

Todas as culturas da Terra têm uma tradição de contação de histórias, seja com mitos que explicam como o mundo natural funciona, seja com lendas sobre feitos incríveis dos seus ancestrais. Essas histórias relembram ao grupo sua grandeza inerente. É pelas histórias que estabelecemos as regras de uma sociedade e definimos o que se espera de nós, tanto pessoal quanto coletivamente. Nossas histórias refletem nossos valores.

Histórias como contos de fadas falam sobre acontecimentos místicos que iluminam nossas crenças espirituais.

Por meio das histórias, podemos nos lembrar que existe muito mais na nossa existência do que aquilo que os olhos veem e que qualquer coisa é possível. Em particular, os mitos são histórias que tratam de certos aspectos da condição humana, como o bem e o mal, por que sofremos, a natureza da vida e da morte, a existência de uma vida após a morte e a presença de uma divindade ou de muitas divindades. Eles jogam luz sobre as crenças, os valores e as experiências cotidianas de uma civilização ou cultura específica. Pense no sistema de crenças da Grécia antiga, da Roma antiga, dos nórdicos ou dos vikings e da Mesopotâmia.

Também é por meio da contação dessas narrativas que permanecemos conectados ao nosso passado, recontando coisas que aconteceram para que possamos aprender com a história. Esses contos morais foram criados para alertar o ouvinte a não repetir um erro.

Às vezes, as histórias têm como objetivo influenciar crenças ou atitudes que envolvem poder e controle, usando as estratégias da contação de histórias e a conexão emocional que ela promove para formar ideias negativas sobre indivíduos ou grupos específicos. Um claro exemplo disso foi a perseguição às "bruxas" e a demonização de pessoas que eram curandeiras, parteiras ou tinham ideias diferentes das dominantes.

Outro exemplo é a campanha de difamação contra a sexta-feira 13 como um dia de "azar". Essa foi uma tática empregada pela Igreja Católica primitiva para atacar o poder do divino feminino na sociedade anteriormente pagã e estabelecer um sistema de crenças patriarcal que sustentasse o poder da Igreja. A sexta-feira está ligada a Freia, a deusa nórdica do amor e da fertilidade, e o número treze indica quantos ciclos menstruais as mulheres têm em um ano segundo o calendário lunar (não o calendário solar que o sistema patriarcal introduziu). Sexta-feira 13 era considerado um dia auspicioso e sagrado na celebração do divino feminino, da terra, dos ciclos naturais, do sexo, da transformação, da fertilidade e da condição feminina.

Começaram a circular histórias sobre mulheres que celebravam esse feriado, acusando-as de serem bruxas, e os poderes locais passaram a realizar execuções às sextas-feiras 13 para introduzir a ideia de que coisas ruins acontecem nesse dia. Essa história se tornou tão poderosa que se difunde até hoje. Tal é o poder das histórias: recontá-las leva a que ela seja aceita como verdade, quer ela tenha ou não algum mérito.

Uma biografia é a história de um indivíduo contada por outra pessoa tal como ela a vê. Uma autobiografia, em contrapartida, é contada do ponto de vista daquele que conta. Trata-se de um vislumbre no coração e na mente da pessoa que viveu na pele os eventos do conto, e, embora ela seja considerada menos objetiva do que uma biografia, já que é, sem dúvida, colorida pelas atitudes e pelas visões de quem está contando a história, um relato em primeira pessoa acrescenta emoção, vida e humanidade.

## HORA DO DIÁRIO

**A AUTOBIOGRAFIA DA SUA ALMA**

Uma das maneiras de contar sua história é escrever uma autobiografia.

Essa é uma versão da história da sua vida que é escrita e contada por você, a pessoa que a viveu.

Passe algum tempo criando uma história de uma de suas vidas passadas. Pode ser uma vida passada real, da qual você se lembra, ou uma fantasia inspirada em algum período histórico.

Escreva essa história como uma autobiografia, da maneira como você se lembra ou imagina que a experienciou.

Não deixe de incluir detalhes sobre quem você era, o que vestia, onde estava, o que aconteceu e por quê.

Também acrescente as emoções que você sentiu ou imaginou que poderia ter sentido – foi triste, assustador, feliz, estranho, aterrorizante ou apaixonante?

Como foi estar ali, naquela vida passada?

Quando você começa a se abrir para todas as suas vidas passadas, percebe que a história que tem contado, e com a qual passou a se identificar, simplesmente não é verdadeira. Ou, ao menos, não é toda a verdade, porque só inclui os detalhes e as circunstâncias *desta* vida.

Se sua história for "Sou de Cleveland", ela não considera todos os outros lugares onde você nasceu e viveu. Talvez você também tenha nascido na França, no Marrocos, em Bangladesh e no Japão. Dizer “sou professor” deixa de incluir todas as suas profissões anteriores e os papéis que você desempenhou ao longo de muitas vidas. Sem todos os detalhes, sua história não é verdadeira porque não está completa. Uma história que capturasse tudo seria uma história bem, bem, bem longa!

Em nossas vidas passadas, viajamos para ilhas distantes, atravessamos oceanos, testemunhamos guinadas da história, lutamos e morremos em guerras, tivemos maridos e esposas que amamos e perdemos, criamos filhos, fizemos amigos, construímos casas em países e lugares diferentes, tivemos diversos empregos e profissões, e muito, muito, muito mais.

Para muitos dos meus clientes, as histórias e os contos de suas vidas passadas se tornam parte de suas memórias, que podem ser acessadas sempre que eles desejarem. Conforme você desvenda as histórias de suas vidas passadas, essas memórias podem se tornar parte do seu banco de memórias de trabalho. Talvez você tenha vivido uma vida passada na Itália e agora consiga se lembrar de ter apreciado a paisagem e a comida com a mesma facilidade com que se lembra de uma viagem que fez no verão passado.

## SEJA CRIATIVO

Imagine que você está jantando com alguns bons amigos depois de voltar da experiência de uma de suas vidas passadas.

Eles estão ansiosos para ouvir suas aventuras, e você está empolgado para compartilhar tudo o que fez, comeu e bebeu, as pessoas que conheceu e as paisagens que viu.

Quero que você faça uma apresentação para esses amigos no formato que quiser. Pode ser uma apresentação de slides com fotos, um desenho, um vídeo ou qualquer outro meio criativo que permita que você compartilhe a história da sua vida passada.

Imagine se você pudesse compartilhar álbuns de fotos e recordações das suas viagens com seus entes queridos e preencher os detalhes de suas aventuras ao longo dos séculos!

Como a história que você conta não é quem você é, ela não é uma fundação sólida sobre a qual moldar sua identidade. E já que a sua história não é fixa, mas muda e se transforma com o tempo, mesmo além de suas várias vidas, construir um senso de identidade em torno dela é como construir uma casa sobre uma camada de areia movediça. As pessoas mudam de cidade ou país, trocam de emprego ou se aposentam, e se casam e se divorciam. Se você se apegar demais a uma parte da sua identidade, poderá sentir que seu chão está caindo se essa parte mudar ou evoluir.

Pode ser que, antes de ter filhos, sua história – que era verdadeira naquela época – era que você e seu cônjuge formavam um casal jovem e trabalhador e que vocês dois estavam tentando encontrar um caminho no mundo. Após se tornarem pais, vocês precisaram de uma nova história que refletisse essa enorme mudança de vida. Quando seus filhos cresceram e saíram de casa, vocês precisaram de outra história. Mais tarde, quando se tornaram avós, mais uma história foi necessária.

Sua história também muda ao longo do tempo, assim como sua perspectiva. Quando você envelhece (ou vive mais vidas passadas), ganha experiência, o que o ajuda a ver as coisas com base em um novo nível de maturidade. Alguma coisa que você considerou vital em algum momento pode ter ficado em segundo plano quando você envelheceu. Se fosse contar a história de como sua colega da educação infantil atormentava você, com certeza o seu eu de 5 anos teria uma versão diferente ("Ela foi malvada comigo!") da versão do seu eu de 30 anos de idade. Alguns dos detalhes permaneceriam iguais, mas o seu eu mais velho esperaria ter um melhor entendimento das nuances e complexidades envolvidas.

Funciona do mesmo jeito com suas vidas passadas. Olhar para algo que você fez milhares de anos atrás e julgar esse comportamento com as lentes do conhecimento e da sabedoria de hoje não é justo. Crescemos, evoluímos e ficamos mais sábios. Essa sabedoria nos permite mudar a maneira como contamos nossa história e a maneira como a compreendemos.

Uma vez trabalhei com uma mulher que se lembrava de ter sido um homem na Veneza do século 16, um mercador rico e mulherengo. Ela viu que tinha uma esposa, uma mulher bondosa e gentil, que tinha "olhos tristes" e que lhe lembrava muito sua avó nesta vida.

Mas esse homem passava as noites em bordéis – bebendo, dormindo com prostitutas e vivendo um estilo de vida decadente que ele achava que merecia –, com pouca ou nenhuma consideração por sua esposa. Minha cliente se lembrou de ter ficado doente, provavelmente de sífilis, e viu que sua esposa tinha desenvolvido os mesmos sintomas. Ele assistiu à morte da esposa, sentindo-se arrependido e culpado pelo fato de suas escolhas a terem impactado de uma maneira tão terrível.

Minha cliente do século 21 ficou incrivelmente brava consigo mesma por esse comportamento. Como era possível que ela tivesse sido tão babaca com as mulheres naquela vida – não só com sua esposa, mas também com aquelas prostitutas?

Precisei lembrá-la de que aquele homem era seu passado distante, uma versão anterior dela mesma que ainda não tinha aprendido e crescido. Ela era feminista, uma ativista que apoiava os direitos das mulheres, e regularmente usava sua voz para se manifestar contra a misoginia.

Ela também era uma esposa fiel e amorosa, com um relacionamento honesto e gratificante, que ela e seu parceiro tinham escolhido tornar monogâmico. A avó dela, que tinha sido a esposa que ela sentia que havia traído, era um dos seus parentes mais próximos, e as duas desfrutavam de um relacionamento profundo e amoroso.

Sua vida atual refletia sua evolução nos últimos quinhentos anos. Eu disse a ela que era importante não se julgar por suas ações passadas, e sim olhar para a experiência como um indicador de como ela havia chegado longe. Em vez de contar a si mesma uma história em que ela era uma pessoa terrível, um péssimo parceiro ou um mulherengo, sua perspectiva como uma alma mais velha e mais sábia permitiu que essa história fosse expandida para integrar seu eu menos maduro à pessoa bondosa e cuidadosa que ela se tornou.

De modo semelhante, você pode olhar para suas vidas passadas como sua criança interior, porque ela representa uma versão de você que não existe mais. Nós aprendemos fazendo; então, para ter chegado aonde está hoje, você teve de tropeçar e cair ou não conseguir "acertar" muitas vezes antes.

Este é o objetivo da reencarnação: nos fazer avançar na nossa evolução espiritual e nos dar oportunidades durante muitas vidas de alcançar sabedoria por meio das nossas diversas experiências. Acredito que o que mais importa é que você continue tentando e continue comprometido em se tornar a melhor versão de si que puder ser, em cada momento de cada dia.

Agora, não me entenda mal. Sua história é verdadeira em algum nível. As coisas que aconteceram com você, o que você fez, onde você esteve e quem você amou são todos fatos sobre você. Mas ao abrir mais as cortinas e ver que tem muito mais histórias, também consegue entender que você é muito *mais* do que a sua história. Quando você consegue transcender a sua história, você não está mais limitado por ela.

Como me ensinou a curandeira, quando você percebe que está no controle da história que conta, que pode decidir os detalhes e até mesmo mudar o desfecho, essa história fica velha e ultrapassada. A história que não está mais lhe servindo não tem de ser a história que você conta. Quando você parar de contá-la, ela vai parar de te seguir por aí.

Você pode se libertar da sua história. Pode até escolher escrever uma nova história porque não está mais limitado pela antiga. Existe poder no processo de perder sua história e perceber que você é muito mais que os detalhes e as circunstâncias desta vida. Você pode revisá-la ou reescrevê-la sempre que desejar. Você é o autor.

Uma vez trabalhei com um homem que queria ser advogado, mas havia reprovado no exame da Ordem dos Advogados algumas vezes. Ele estava desanimado e decidiu desistir desse sonho. Então se lembrou de uma vida passada em que era um advogado que deixou de processar um assassino porque cometeu um erro que levou à anulação do julgamento.

Ele imediatamente reconheceu essa história, se dizendo um fracasso como advogado, incapaz de compreender o devido processo envolvido nessa carreira. Quando viu que uma vida passada estava influenciando sua história atual, tornando-se um padrão trazido de uma vida anterior, ele percebeu que estava permitindo que a história continuasse a ser verdadeira.

Decidiu então redobrar os esforços e fazer o exame da Ordem mais uma vez. Dessa vez, ele passou e começou a trabalhar como advogado, realizando seu antigo sonho. Sua história não estava lhe servindo, e ele não queria mais que ela fosse verdadeira. Então ele a mudou, para que refletisse as crenças que ele desejava ter sobre si mesmo e sua carreira.

Como você não é sua história, você pode reescrevê-la quando quiser e criar uma nova que reflita quem você quer ser. Conhecer suas vidas passadas pode ajudá-lo a perceber que grande parte da sua história ainda não foi escrita e que você pode escolher o destino dela a seguir.

E quem sabe como a história acaba? É você quem decide.

## REVISIONISMO HISTÓRICO

**REESCREVA SUA HISTÓRIA**

Pegue seu diário.

Imagine que você está preso num elevador com um estranho, alguém que nunca viu antes.

O estranho acabou de perguntar qual é a sua história.

O que você diz a ele?

Escreva-a tal como lhe vier à mente. Não pense muito a respeito.

Você não precisa embelezá-la ou editá-la. Apenas escreva o que você diria a esse estranho. Escreva pelo menos três ou quatro frases.

Quem é você?

O que aconteceu com você?

Quais papéis você desempenha?

Qual é o seu trabalho ou propósito?

Acrescente todos os detalhes que quiser, tanto negativos quanto positivos.

Agora, leia a história para você mesmo em voz alta.

Imagine que você é o estranho que está ouvindo essa história.

O que você pensa sobre ela?

É uma história boa ou ruim?

Você faz algum juízo ou suposição sobre esse estranho com quem você está compartilhando sua história?

Agora quero que você reflita:

Quem é você sem essa história?

Quais elementos dessa história não precisam ser verdadeiros?

O que você está contando sobre si mesmo com essa história?

*parte três*

# CRIE O FUTURO

capítulo 9

# OS CICLOS DE NASCIMENTO E MORTE

A única coisa com a qual todos nós podemos contar nesta vida é que algum dia vamos morrer. Sabemos que nossa vida atual vai acabar e que nossos corpos humanos vão morrer. Mas a morte e o que está além dela continuam sendo grandes incógnitas para a maioria de nós.

Tal como acontece com qualquer incógnita, muitos têm pelo menos alguns medos em relação a esse assunto.

Ninguém pode escapar da morte. Experienciamos a perda dos nossos entes queridos, às vezes de forma trágica ou inesperada. Em outros momentos, testemunhamos as pessoas morrerem lentamente, conforme seus corpos sucumbem a doenças, enfermidades ou à velhice. Por ser inevitável, a morte é uma coisa em que todos pensamos.

Todas as coisas morrem, mas é impossível saber quando, onde e por quais meios. Apenas podemos contar com o fato de que o momento vai chegar – quando e como costumam estar fora do nosso controle. Essa impotência apenas aumenta o mistério e o medo.

*O que acontece depois que morremos?*

Essa pergunta fascinou até mesmo nossos ancestrais mais distantes. Existem provas contundentes de que os primeiros humanos acreditavam na vida após a morte, e até mesmo na reencarnação. Eles viviam em uma profunda conexão com a natureza e enxergavam os ciclos perenes de vida, morte e renascimento ao redor deles também como parte de sua existência.

Nossos ancestrais percebiam que o sol desaparecia à noite e voltava a nascer pela manhã. Percebiam que as folhas mudavam de cor e caíam das árvores quando o clima começava a esfriar e a estação mudava do verão para o outono. E então, apesar de parecerem mortas ou sem vida durante todo o inverno, as árvores brotavam de novo e as folhas retornavam na primavera. Como as pessoas compreendiam que cada coisa viva é parte da natureza, quando alguém morria, era razoável esperar que essa pessoa também fizesse parte desse ciclo sem fim.

É possível reunir muitas informações sobre como os primeiros povos se sentiam em relação à morte, e o que talvez acontecesse depois dela, por meio de achados arqueológicos que iluminam rituais, hábitos, a vida cotidiana e, também, a arte.

A descoberta recente de uma sepultura neandertal de mais de 50 mil anos de idade revelou que essa espécie tinha rituais para enterrar os mortos, incluindo colocar os corpos dos entes queridos em túmulos preparados com objetos como flores, pólen e ferramentas. Esse achado desafia a ideia anterior de que os neandertais não tinham inteligência ou sofisticação. De fato, eles pensavam na morte e a honravam como algo significativo e importante.

Pinturas rupestres de até 20 mil anos de idade foram encontradas em todo o mundo. Muitas mostram eventos que fizeram parte da vida cotidiana das pessoas que as criaram, incluindo a morte. Algumas parecem retratar um espírito, ou alma, deixando o corpo de um animal no momento da morte. Existem desenhos de outros seres etéreos, animais espirituais e representações de uma vida após a morte. As evidências sugerem ainda que nossos primeiros ancestrais viam as cavernas em si como portais para a vida após a morte.

Com a evolução da humanidade, cada cultura criou rituais e costumes baseados nessas crenças. Alguns dos rituais e costumes mais elaborados foram encontrados no antigo Egito, onde os mortos eram mumificados para que pudessem continuar vivendo após a morte. As pessoas importantes e a realeza eram enterradas com todos os seus pertences, incluindo servos e esposas, para que eles os acompanhassem ao reino dos espíritos.

Os *vikings* também tinham rituais fúnebres elaborados, sendo o mais famoso deles a pira funerária, ou grandes fogueiras para fins de cremação. A ideia era que a fumaça e as cinzas subissem e levassem o espírito do falecido para a vida após a morte. A pira funerária ainda faz parte do ritual fúnebre nas tradições hindus. A maioria das culturas tem tradições relativas à lavagem e à preparação do corpo após a morte, bem como a respeito do que é dito ou feito na presença do corpo.

O que acontece depois que morremos é uma questão que, em muitos aspectos, constitui a base da espiritualidade e das crenças espirituais de quase todas as sociedades. De fato, o ímpeto de questionar nossa existência e o que existe além dela é o que nos torna humanos e nos distingue de todas as outras espécies.

Com exceção dos poucos que tiveram experiências diretas com a morte, por meio das experiências de quase morte (EQM) ou do retorno à vida após experienciar a morte clínica, ela segue sendo um mistério persistente, com uma influência enorme sobre como contemplamos nossa existência.

## PARA FAZER PENSAR

Quais experiências você já teve com a morte?

Você pode incluir a morte de entes queridos ou familiares, conhecidos, animais ou qualquer outra perda que lhe vier à mente.

Como esses eventos moldaram sua maneira de pensar sobre a morte?

Esse fascínio pela vida tal como a entendemos (ou não) não está centrado apenas na morte. Também temos perguntas, costumes e rituais em torno do nascimento.

O nascimento é igualmente misterioso. A maioria de nós vê o nascimento como o início da vida; emergimos do ventre de nossa mãe e, ao inspirar pela primeira vez, nossa vida começa. Muita gente olha para o nascimento e a morte como as capas de livros, com a vida que você viveu preenchendo o espaço entre elas. Claramente, eles são um início e um fim.

Muitos se perguntam se, depois que morremos, existiria apenas escuridão, se nossa consciência vai embora. Pensar em deixar entes queridos para trás ou em abrir mão da vida que você trabalhou tão duro para construir pode ser doloroso.

Mas e se isso não for verdade? E se a morte não for um fim? E se o nascimento não for um início? E se ambos forem simplesmente uma continuação de um ciclo perene de vida, morte e renascimento que você já experimentou várias vezes? E se você já tiver nascido e morrido muitas vezes?

E se, na verdade, você nunca nasce e nunca morre realmente?

Uma das maiores mudanças que observo em meus clientes quando trabalhamos juntos está na maneira como veem a morte e se relacionam com ela. Quando você tem a experiência de ver a si mesmo em uma vida passada, em um corpo diferente e com uma forma distinta, percebe que seu corpo não é quem você é: após uma morte, sua jornada continua.

## HORA DO DIÁRIO

Quero que imagine que você acabou de morrer e ficou encarregado de escrever o próprio obituário.

O que diz seu obituário?

Quais foram seus feitos na vida?

Como você quer que as pessoas se lembrem de você?

O que você faria ou mudaria na sua vida se tivesse mais tempo?

Já vi muitas pessoas se lembrarem de ter morrido em um corpo diferente, uma experiência capaz de mudar por completo sua maneira de olhar para a morte e para o nascimento.

Pessoas que tiveram experiências de quase morte (EQM) ou de morte clínica descrevem o evento de maneiras notavelmente parecidas, mesmo tendo origens e crenças espirituais diferentes. Como os componentes de uma EQM são bem congruentes e não parecem depender de nenhuma crença prévia ou de expectativas culturais, muitos veem neles a prova da existência de uma vida após a morte.

Os elementos de uma EQM, como descritos por sobreviventes, incluem, mas não se limitam a, ver uma luz brilhante, atravessar algo que parece ser um túnel, experimentar sentimentos de euforia e paz, ter a sensação de estar flutuando, ver memórias da sua vida passarem rapidamente, sentir uma presença amorosa e divina e se encontrar e se comunicar com seres espirituais, incluindo entes queridos que já morreram.

Esses elementos são quase idênticos aos que testemunhei muitos dos meus clientes experimentarem após se lembrarem de uma morte anterior. Quando estou guiando alguém por uma experiência de vida passada, sempre faço a pessoa passar pelo momento da sua morte e, depois da morte, para que deixe seu corpo. Peço que a pessoa me conte como se sente, como é o lugar onde ela está e o que mais consegue perceber nesse estado de "morte rememorada". A maioria descreve a mesma luz e o mesmo túnel, a sensação de calma e a recepção por pelo menos um guia espiritual que estava esperando do outro lado.

Embora ninguém tenha provado definitivamente a existência da vida após a morte a partir de uma perspectiva científica, as pesquisas em torno do fenômeno das EQM fizeram muitas pessoas considerarem não somente a possibilidade de que haja uma continuação da existência após nossa morte, mas também que essa experiência seja universal.

Para mim, se existem evidências de uma vida após a morte, faz sentido também haver uma vida anterior. Assim como existem inúmeros relatos em primeira mão de EQM, existem muitos relatos de pessoas que recuperam memórias que elas acreditam estar ligadas a vidas passadas. Muitos dos meus clientes descrevem ter experiências fora do corpo, seja por um evento traumático, seja enquanto adormecem. Isso leva a perceber que o corpo está separado da consciência, pois eles conseguem ver seu corpo adormecido enquanto o seu eu consciente – ou a alma – está separado dele.

Meus clientes também têm experiências de vidas passadas em que veem que estão em um corpo diferente daquele que têm hoje. Experienciam aquela vida, com todas as emoções e memórias associadas a ela, e depois se lembram da sua morte. Mesmo quando as circunstâncias da morte são traumáticas ou violentas, a maioria descreve o processo de transição para espírito como pacífico. Não sentem dor, só alegria e amor.

Quando você vivencia suas mortes passadas, perde o medo da morte. Isso não significa que você queira morrer ou acabar com a vida atual, mas o medo do desconhecido vai embora, porque você percebe que esse não é o fim, e sim uma transição.

## CAVE MAIS FUNDO

Quais são alguns dos seus sentimentos em relação à morte?

Você tem algum medo?

Tire alguns minutos para refletir sobre isso, contemplando a própria morte e as de seus entes queridos.

Atente para todas as emoções que surgirem. Quais são elas?

Tente não evitar esses sentimentos, mas permita que eles aflorem e os observe.

Evidentemente, nenhum conhecimento ou crença na vida após a morte pode mudar o fato de que o luto é uma parte muito real da vida. Mesmo quem já vivenciou a morte em primeira mão, por meio de uma EQM ou de uma experiência de vida passada, ainda sente a dor da perda. Compreender a morte por meio das nossas muitas vidas não atenua o processo emocional de desapegar quando a experienciamos em nossa vida atual.

Somos criaturas emocionais, e o apego aos outros e à beleza da vida é completamente natural. Mas ter uma compreensão mais fluida da morte talvez possa mudar a maneira como vivemos o luto e nos desapegamos.

Ao longo dos muitos anos em que venho instruindo meus clientes e trabalhando com a regressão a vidas passadas, tive a honra e o privilégio de colaborar com alguns indivíduos que estavam passando pela própria morte e transformação nesta vida.

Uma vez trabalhei com um homem que tinha câncer terminal. Ao explorar as suas vidas passadas, conseguiu ver que a sua existência fazia parte de um quadro maior e que a morte não seria o fim da sua história. Conseguiu se reconciliar com a sua transição iminente, além de navegar conscientemente pela maneira como decidiu abordar seus relacionamentos e se certificar de que tudo o que ainda não havia sido feito ou dito fosse resolvido. Ele faleceu em paz, sabendo que a sua jornada era muito maior do que esta vida.

Se você for capaz de perceber que já nasceu e morreu muitas vezes antes, poderá mudar o modo como se relaciona com a morte. Isso vale tanto para a nossa própria morte quanto para a morte dos outros. Essa mudança de perspectiva pode atenuar a sua dor quando você sofre a perda de um ente querido, além de desafiar sua maneira de pensar em sua própria morte e até mesmo em como você escolhe viver.

E se fôssemos capazes de saber definitivamente que a morte não é o fim, mas sim uma transição para um nascimento ou um novo começo? Como isso mudaria a maneira de encararmos a vida que estamos vivendo agora?

Como o fato de sabermos que existe vida antes e depois da morte, e que reencarnamos continuamente em novos corpos, transformaria nossa maneira de fazer escolhas sobre nossa vida atual?

Se pudéssemos coletivamente mudar nossa relação com a morte pela compreensão de que ela é uma transição, e não um fim, talvez a nossa forma de abordar a vida também mudasse. Em vez de gastar nosso tempo nos preocupando com os detalhes que envolvem nossa morte, poderíamos levar nossa vida mais atentos ao momento presente, pela lente desse conhecimento de que o lugar que ocupamos hoje tem como base tudo o que experienciamos e aprendemos ao longo de muitas vidas.

Talvez até perdêssemos completamente o medo da morte, sabendo que esse medo nada mais é do que o medo do desconhecido.

Imagine que você experienciou memórias de vidas passadas que fizeram você perceber que morreu jovem mais de uma vez. De que maneira isso mudaria a sua disposição para abraçar o envelhecimento, aproximar-se da meia-idade e até mesmo entrar na terceira idade? Receber esse tipo de conhecimento pode mudar o modo como você escolhe usar o tempo que tem agora.

Muitas tradições espirituais celebram a ideia da "morte como uma conselheira para a vida", o que significa que você pode explorar o fato de que todos os seres vivos morrem para dar mais significado aos seus dias e anos. Talvez possamos enxergar nossa vida de uma maneira que, ao mesmo tempo, reconheça a impermanência de tudo e nos dê confiança de saber que somos eternos e nunca morremos realmente.

Ao mudar nossa compreensão em relação ao nascimento e à morte, e entendermos que já vivemos e morremos antes, também podemos nos tornar mais empoderados em nossa jornada por muitas vidas. Se soubermos que estamos aqui, agora, por uma razão e como uma parte minúscula de um ciclo sem fim, isso não vai impactar a forma como vemos nosso propósito aqui?

Talvez pudéssemos até criar um novo futuro no qual todos compreendamos que sobrevivemos à morte e que somos muito mais velhos e sábios do que pensávamos ser. E se olhássemos para nós mesmos com a compreensão de que somos esses seres sábios que testemunharam, sofreram, morreram e renasceram?

E se fôssemos capazes de olhar para os outros dessa mesma maneira? Talvez pudéssemos criar um futuro que honrasse essa sabedoria antiga e, perdendo o nosso medo da morte, viver de maneira mais completa e plena.

## MOMENTO MEDITATIVO

Encontre um lugar confortável para se sentar, onde possa ficar em silêncio e sozinho por algum tempo.

Respire fundo algumas vezes. Convide sua mente a se aquietar e se coloque no momento presente. Preencha toda a cavidade torácica com respirações profundas e purificantes. Sinta-se relaxar completamente.

Agora, sem deixar de respirar, imagine que você chegou ao momento da sua morte. Sim, é hora de deixar seu corpo.

Perceba as emoções que surgem:

O que você sente por ter de partir agora? Medo? Preocupação? Tristeza?

De quem ou do que você sentiria falta? Do que é difícil se desapegar?

Agora, pergunte a si mesmo quais foram as melhores partes desta vida que você acabou de viver.

Do que você gostou?

Quais foram algumas das coisas de que você se arrependeu ou que gostaria de ter feito diferente?

O que você aprendeu nesta vida?

Permita-se imergir na emoção dessa experiência. Sinta-a verdadeiramente.

Você está no processo de desapegar desta vida e se preparar para passar para a próxima.

É hora de imaginar sua próxima vida.

Que corpo você escolherá? Qual gênero?

Em que lugar essa próxima vida acontecerá?

O que você gostaria de escolher ou planejar para o seu futuro, com base no que aprendeu nesta vida?

Com quem quer se reencontrar?

Quais novos desafios dará a si mesmo?

Perceba o que surge sem julgamentos.

Quero que você crie um plano de vida para a sua próxima encarnação, com imagens de como ela será, como se sentirá e o que espera realizar.

Permita que esses pensamentos fluam. Com seu plano estabelecido – incluindo quem você será, quem vai encontrar, onde estará e o que vai aprender e fazer –, imagine que você está num túnel comprido e escuro.

Você consegue ver uma luz na outra extremidade, e percebe que está prestes a nascer de novo.

Você se move lentamente na direção dessa luz, com uma sensação de expectativa e sabendo que está prestes a renascer.

Vá em direção à luz. Que sensações surgem em você em relação ao seu nascimento?

Abra lentamente os olhos e lembre-se de que você pode escolher renascer agora mesmo, nesta vida.

Quais elementos do plano de vida que elaborou você poderia implementar agora?

O que você aprendeu sobre a vida ao experienciar a própria morte e o próprio nascimento?

capítulo 10

# MUDANDO SEU PONTO DE VISTA

A essa altura, você tem muito o que pensar sobre suas vidas passadas e em como conhecê-las pode transformar completamente sua maneira de pensar em si mesmo e na sua identidade.

Espero que a sua forma de olhar para os outros também tenha mudado, de modo que você consiga enxergar que quem eles são não tem nada a ver com seus corpos ou circunstâncias.

Como está começando a entender de que modo funciona a reencarnação, você pode até mesmo estar no processo de transformar a maneira como pensa sobre a vida.

Então, vamos juntar todas essas coisas e tentar entender como aplicar diretamente, na sua vida atual, o conhecimento que você tem das suas vidas passadas e os princípios de como a reencarnação funciona.

Sim, o passado é fascinante, assim como o estudo da história, mas, no fim das contas, a vida é o que mais importa. O conhecimento do passado é mais valioso quando pode nos ensinar algo sobre o presente e sobre onde estamos no momento.

Quando você conhece os detalhes de suas próprias vidas, percebe que não é quem achava que era. Pense nessa mudança de percepção como uma ida ao oftalmologista. Você se senta na cadeira e o médico avalia a sua visão, colocando lentes diferentes diante dos seus olhos. Cada uma dessas lentes altera a sua visão, que se torna cada vez mais nítida em termos de foco, até que você descobre a lente correta, aquela que lhe dá mais clareza. De maneira semelhante, o trabalho com vidas passadas pode transformar sua maneira de ver tudo.

Pode ser que você nunca mais pense nas coisas do mesmo jeito. Comigo foi assim. Quando comecei a ter memórias de vidas passadas, minha vida se transformou. Senti como se os meus olhos tivessem se aberto para uma verdade completamente nova, e, para mim, passou a existir uma divisão clara entre o tempo antes de saber sobre as minhas vidas passadas e o depois.

A primeira coisa que acontece é uma mudança de percepção. Agora você sabe que já viveu antes, em corpos diferentes. A cortina se abriu mais, e você consegue ver que a sua existência faz parte de um quadro muito maior. Você testemunhou em primeira mão que não é quem achava que era – seu nome, sua aparência, sua etnia, seu gênero e orientação sexual, seus pensamentos ou crenças, seus relacionamentos e papéis, seu sofrimento, sua história e mesmo seu nascimento e sua morte.

Agora que eliminamos suas concepções anteriores de si mesmo, quem é você?

Isso pode ser muito difícil de processar. Da primeira vez que experienciei uma vida passada, foi como se o espelho em que sempre me olhei e do qual dependia para refletir meu senso de identidade tivesse se despedaçado. Para início de conversa, eu era um homem naquela vida. Tinha experienciado uma vida totalmente diferente, com seus próprios triunfos e dificuldades, perdas e dores, e, no final daquela vida, eu me vi morrer.

E, depois daquela morte, eu havia renascido.

Essa informação foi um choque, e precisei de um tempo para entender o que fazer com ela, para integrá-la a uma percepção que me fosse útil, a qual pudesse usar para ser mais feliz, para me sentir mais realizada e ser uma pessoa melhor, mais bondosa e amorosa.

Como podemos usar o conhecimento de vidas passadas para mudar a nossa vida hoje? Depois de saber sobre as suas vidas passadas, o que fazer com elas? Como você pode aplicar esse entendimento e o que ele transmuta para você a seu cotidiano?

## REVISIONISMO HISTÓRICO

**UMA NOVA IDENTIDADE**

De que modo aquilo que descobriu sobre as suas vidas passadas mudou a forma como pensa a respeito de si mesmo?

Mudou a maneira como você olha para os outros?

Ou para a própria vida?

Depois de assimilar essa nova informação e descobrir todas as versões de si mesmo de vidas passadas, é hora de integrá-las e permitir que elas se tornem parte da sua identidade.

A primeira coisa a considerar é que você é tudo. Você é cada expressão de vida, em cada cultura e período. Como você é tudo, você também não é nenhuma delas, ou seja, nada.

Quando depositamos nossa identidade em um falso senso de si, ou naquilo que algumas tradições chamam de ego, estamos nos identificando com uma ilusão. Esse ego é a parte de nós que achava que éramos os nossos corpos e as nossas circunstâncias, e que tem tudo a ver com a vivência da nossa vida atual.

Muita gente associa o ego com o ser egocêntrico, ou com certa ousadia ou autoconfiança, e é verdade que a identificação excessiva com o ego pode levar a algumas dessas características.

Mas lembre-se de que o ego é um falso eu. Você não precisa que eu lhe diga isso porque você mesmo já o experienciou. Viu as suas vidas passadas e testemunhou a falácia de se identificar com quem você é hoje.

Agora, não me entenda mal – o ego é aquilo que nos leva a conquistar, a fazer parcerias, a experimentar a alegria e o prazer, coisas boas e sem as quais a vida pareceria bem sem graça e sem sentido.

Porém, em vez de permitir que o seu ego abranja todo o seu senso de identidade, vamos expandir o conceito de quem você é para incluir seus eus anteriores, tanto as suas vidas passadas recordadas quanto aquelas das quais você ainda não se lembrou. Estou pedindo a você que mude de perspectiva para incluir suas vidas passadas.

Tenha em mente que você simplesmente não pode substituir a sua identidade na vida atual por uma vida passada. Você não pode simplesmente adotar um nome novo, uma origem cultural nova ou outra *persona* que represente uma vida passada. Isso seria trocar uma identidade de ego por outra.

Em vez disso, eu o incentivo a olhar para si mesmo como algo muito maior do que um corpo ou uma vida. Comece a se identificar com a vastidão do universo e toda a beleza que ele contém. Olhe para os outros como o cosmos e a Mãe Natureza encarnados, presentes aqui para realizar o trabalho de se tornar um ser humano melhor.

Já trabalhei com muita gente que se comove, muitas vezes até mesmo a ponto de chorar, quando percebe como sua existência é significativa e vasta após ter experiências com vidas passadas. É comum que haja uma mudança imediata na confiança e energia que as pessoas irradiam quando se dão conta de que são uma alma sábia e eterna, e não "apenas" um corpo.

Você é ilimitado, eterno e infinito. Então quem é você para se ver como algo menos que um milagre encarnado?

## SEJA CRIATIVO

Passe algum tempo pensando em sua própria natureza divina e no fato de ter vivido muitas vidas e de fazer parte de uma existência maior e infinita.

Quero que você expresse criativamente essa nova identidade como uma porção do cosmos, seja como um esboço ou desenho, pintura, fotografia, arranjo de flores ou plantas, arte em pedras ou cristais ou o que quer que o atraia como uma maneira de expressar a beleza que é você, uma parte eterna sua que continua existindo sem um corpo.

Outra mudança que observei em muitos dos meus clientes quando eles começaram a se ver como seres divinos e eternos é que eles se tornaram mais intuitivos. Muitos descrevem essa mudança dizendo que simplesmente "sabem" de coisas, que se tornaram mais sensíveis à energia ou às vibrações em torno de pessoas e lugares ou que têm sonhos vívidos e plenos de significado.

Acredito que isso ocorra porque eles se lembraram de que estão ligados a uma fonte divina. Quando se recordam da sua verdadeira identidade, tornam-se capazes de usar esse poder e fonte como uma expressão natural de quem realmente são.

Muitos dos meus clientes descobriram que, ao recuperar memórias das suas vidas passadas, conseguiram assumir o seu propósito de vida. Essa mudança de perspectiva permitiu que eles se dessem conta não só de quem são, mas também de por que estão aqui. Às vezes esse propósito está ligado a uma carreira. Muitos trocam de profissão ou emprego para se adequar a essa nova perspectiva, baseada no que sabem agora.

Uma vez trabalhei com uma mulher que estava em um impasse na sua carreira, tendo exercido o papel de esposa e mãe em tempo integral por vinte e cinco anos, mas que estava recém-divorciada e com o ninho vazio. Ela não trabalhava fora de casa havia muitos anos, mas precisava ganhar dinheiro de forma gratificante e que lhe permitisse compartilhar seus dons com o mundo.

Ela se lembrou de que em uma vida passada tinha sido uma pintora impressionista – um trabalho de que ela realmente gostava e pelo qual era valorizada. Essa experiência possibilitou que ela se lembrasse de que, na juventude, sonhava em ser decoradora. Ao se recordar dessa vida passada como artista, ela se lembrou do seu propósito e conseguiu abrir uma empresa bem-sucedida de decoração de casas.

Às vezes o propósito da sua vida não vem na forma de um emprego ou de uma carreira, mas sim como um *hobby* ou interesse, ou um papel que escolhe assumir. Já tive clientes que começaram a fazer aulas de música, decidiram escrever um livro, treinar uma equipe esportiva infantil e começar a fazer trilhas, andar de bicicleta e apreciar o ar livre após se lembrarem de vidas passadas ligadas a essas atividades.

Também tive clientes que passaram a se dedicar às artes curativas ou intuitivas, aprendendo *reiki*, mediunidade psíquica, xamanismo, acupuntura, massoterapia, ioga e, sim, até mesmo regressão a vidas passadas, o que me alegra mais do que qualquer palavra é capaz de expressar. Uma das partes mais gratificantes da minha carreira (que também é o meu propósito de vida) tem sido assistir aos meus clientes se aprofundarem no propósito que eles nasceram para compartilhar com os outros e trazer alegria e sentido para suas vidas.

Voltando à minha pergunta original: o que fazer depois de descobrir que sua identidade inclui todas as suas vidas passadas? Sua identidade e sua perspectiva só mudam se você permitir, portanto você precisa descobrir como usar esse conhecimento como ferramenta.

Com frequência, encontro muita gente que me diz que teve uma experiência com vidas passadas, seja por meio de uma regressão, sonhos, meditação ou trabalhando em uma jornada espiritual, mas não sabe o que isso significa.

Minha resposta é sempre a mesma: Por que você não descobre o que isso quer dizer?

Você precisa refletir sobre essa informação, pensar sobre ela, entendê-la e processá-la, e então usá-la para criar a mudança que deseja.

E agora? Para começo de conversa, sua experiência com suas vidas passadas pode se tornar sua crença. Uma coisa é acreditar em reencarnação, outra é ter vivido essa experiência. Ela pode se tornar sua própria verdade pessoal que encontrou.

Além disso, ao ter essas experiências, suas vidas passadas conseguem sair das profundezas sombrias de sua mente inconsciente e entrar em sua mente consciente. A mente consciente é uma parte sua que sabe que você está pensando e se identifica com os seus pensamentos. E, como vimos, você não é seus pensamentos. Quando suas vidas passadas estão incrustadas em sua mente consciente, elas podem levar a novos padrões de pensamento e até mesmo a novos sistemas de crenças. Quando você mudar de perspectiva, seu comportamento muda e você começa a fazer novas escolhas.

## MOMENTO MEDITATIVO

Sentado em uma posição confortável e de olhos fechados, quero que você respire fundo algumas vezes.

Enquanto inspira, imagine-se inspirando uma linda luz.

A cada expiração, imagine-se liberando toda tensão, preocupação, medo, estresse ou negatividade que possa estar carregando.

À medida que for ficando cada vez mais relaxado, imagine que você se transformou em um pássaro.

Você pode ser qualquer pássaro que quiser, de qualquer espécie, desde que ele tenha asas e consiga voar.

Imaginando que é esse pássaro, voe para longe de onde está sentado.

Você consegue sentir a sensação de voar, sem peso no ar. À medida que subir mais alto, olhe para trás e perceba que ainda consegue ver o lugar onde está sentado, meditando.

Com essa visão de pássaro, o que você observa?

Como é sua vida?

Que mudança de perspectiva acontece quando você flutua sobre sua vida, sua casa, sua família, seu trabalho e sua comunidade?

Antes de começar a pensar em suas vidas passadas, talvez você tendesse a ser duro consigo mesmo por causa do seu corpo, seu tamanho ou seu nível de condicionamento físico. Depois de incorporar suas vidas passadas, você percebe que nem sempre foi abençoado com saúde e força, então, em vez de ficar preso a algum ideal a respeito da aparência que gostaria de ter, seu foco muda para um sentimento de gratidão pelo seu corpo.

Talvez você se sinta sobrecarregado no seu papel de pai, mãe, cônjuge ou funcionário. Recordar vidas passadas em que você não tinha uma família ou um parceiro, ou não conseguia encontrar um emprego, vai transformar sua maneira de olhar para essas situações.

Ou talvez você sempre tenha acreditado em certo estereótipo sobre uma pessoa ou determinado grupo de pessoas, ou talvez sobre uma cultura, origem ou raça específicas. Quando percebe que já fez parte daquele grupo ou que foi como aquelas pessoas que despreza, você se dá conta de que os estereótipos não captam totalmente a profundidade e a amplitude da experiência por elas vivida.

Quando muda de ponto de vista, passa a ver tudo através de lentes novas. Pode se ver como atemporal, antigo. Talvez, antes de explorar suas vidas passadas, você não se considerasse uma pessoa terrena ou viajada, mas descobre que já habitou e explorou todos os continentes.

Quero deixar claro que apenas fazer um balanço de suas vidas passadas não é a resposta para todas as questões da vida. Na verdade, suas vidas passadas contêm informações de como você chegou a este ponto da vida e podem guiá-lo nas suas escolhas. As pessoas costumam chegar até mim com grandes perguntas sobre onde estão e querem saber o que devem fazer, mas a resposta nunca é simples. Pode ser que você esteja pensando em permanecer no seu casamento ou se divorciar. Você recupera uma memória de vida passada que envolve o seu cônjuge, que o abandonou e lhe fez sofrer. Essa anedota não lhe diz se você deve ou não se separar *agora*; ela apenas mostra qual é a história cármica, ou a história anterior, do seu relacionamento.

Talvez se lembrar de vidas passadas faça você se dedicar mais a fazer o seu casamento dar certo. Ou, então, você pode decidir que terminá-lo é a melhor maneira de obter um equilíbrio cármico com seu cônjuge. A vida passada não lhe diz que escolhas fazer, só lhe dá um mapa mais amplo para você analisar e decidir que direção seguir.

Suas vidas passadas não estão apenas cheias de informações preciosas sobre os lugares onde já esteve e por que sua vida está se desenrolando da maneira que está hoje, mas também podem contribuir com memórias tão vibrantes quanto as que você tem desta vida.

Adoro ouvir as pessoas se referirem às suas lembranças de vidas passadas com nostalgia, o que significa que elas estão verdadeiramente conectadas àquelas existências e às emoções que as acompanham. Nossas emoções nos tornam humanos, então esses sentimentos que emergem das nossas vidas passadas são uma maneira de trazê-las para casa para que tenham um espaço dentro de nós hoje.

Conhecer suas vidas passadas pode fazê-lo alterar o caminho que escolheu e influenciar suas escolhas, mostrando por onde já andou, do que gostava e no que foi bem-sucedido – e, também, iluminar possíveis arrependimentos do passado e como poderia ter feito melhor.

## CAVE MAIS FUNDO

A essa altura, é mais do que provável que você tenha experienciado algumas das suas vidas passadas e conseguido espiar a história da sua alma.

Quero que você escolha uma das vidas passadas que descobriu, mesmo que tenha sido só uma imagem ou pensamento passageiro, e foque em quem você era.

Imagine que está sentado em uma sala confortável com o seu eu da vida passada, conversando.

Vocês estão relaxados e falando, compartilhando histórias como velhos amigos.

Quero que seu eu do passado compartilhe uma história com você sobre a vida dele.

Pode ser um fato que vem à mente ou uma história que você acabou de inventar. Deixe a sua imaginação correr solta e crie uma história para a vida do seu eu anterior que valha a pena compartilhar.

Pode ser a respeito de uma aventura que ele teve, um desafio que superou, uma questão política ou social que influenciou a vida dele ou um evento transformador, como se apaixonar.

Enquanto o seu eu do passado conta essa história, pense nele como um velho sábio, um avô ou vizinho mais velho com muita sabedoria a compartilhar de um tempo anterior ao seu nascimento, quando o mundo era um lugar diferente.

Depois de ouvir a história do seu eu do passado, compare-a com sua própria vida.

De que modo suas histórias se assemelham? Como elas se diferem?

E como essa história do passado mudou sua forma de pensar sobre sua vida hoje?

O que você aprendeu com suas vidas passadas pode levá-lo a uma maneira totalmente diferente de pensar que você pode incorporar à sua vida cotidiana. Suas vidas passadas podem se tornar parte da sua identidade, incluindo a compreensão de que já viveu antes, em muitas épocas e lugares. Você é tudo, mas também não é nada disso ou nada. Você simplesmente é.

## REVISIONISMO HISTÓRICO

Este exercício deve ser feito ao longo de algumas horas ou mesmo dias, durante sua rotina normal.

Perceba quando você tem uma reação a uma situação específica, particularmente se essa situação despertar em você sentimentos fortes, negativos ou positivos, como frustração, raiva, desdém, preocupação ou satisfação, orgulho, alegria etc.

Certifique-se de tomar consciência das suas reações emocionais às pessoas e situações que você encontra na sua vida cotidiana.

E quando se vir reagindo a um pensamento ou a uma emoção, tire um momento e pare o que estiver fazendo.

Observe-se nesse sentimento:

A que você está reagindo?

Você está frustrado porque alguém não está fazendo o que você esperava que fizesse, seja um estranho ou não?

Você está apegado à ideia de "o que é certo" ou "o que deveria estar acontecendo" em determinado momento?

Transforme a situação em um cenário em que você está em uma vida passada, com um corpo diferente e em circunstâncias distintas, mas ainda experienciando essa situação.

Se houver outra pessoa envolvida, imagine que ela também está em um corpo diferente.

O que mudou sobre a sua forma de olhar para a situação?

Não deixe de anotar o que aconteceu e registrar seus pensamentos no seu diário.

capítulo 11

# VOCÊ É UMA ALMA, SEU PROPÓSITO É O AMOR

Passamos algum tempo discutindo o que *não* somos: nosso nome, aparência, raça ou etnia, gênero ou orientação sexual, pensamentos ou crenças, relacionamentos ou papéis, sofrimento, história, e até mesmo o nosso nascimento ou morte.

Então... o que somos?

O que sobrou para nossa identidade?

A verdade é que não podemos basear nossa identidade em algo impermanente, e todas as características anteriores são passageiras, temporárias, e, portanto, não constituem a essência de quem somos de verdade. Recuperar memórias das nossas vidas passadas nos ajudou a enxergar essa verdade, que as circunstâncias de cada uma de nossas vidas são efêmeras e mutáveis.

A única coisa que podemos verdadeiramente "ser" precisa ser permanente, duradoura, imutável e eterna, a parte de nós que sobrevive à morte e reencarna em um novo corpo para experienciar outras vidas. Esse é seu eu interior, quem você é sem um corpo, a essência para a qual você sempre retorna. É a sua *alma*.

Uma das maneiras que encontrei para entender o conceito de alma, ou eu interior, e como ela pode não apenas sobreviver à morte, mas também mudar de forma, foi por meio da ciência da física, especificamente a primeira lei da termodinâmica. Essa lei afirma que a energia não pode ser criada ou destruída, mas pode ser modificada de uma forma para outra.

Nós somos essencialmente energia, então faz sentido que isso se aplique também a nós. Não somos criados ou destruídos, nós simplesmente mudamos de forma. Essa transição acontece na morte e no nascimento repetidas vezes.

Há quem chame essa energia de nossa consciência, o que implica a existência de uma percepção de um senso de identidade que vai além da nossa forma física. Esse termo, *consciência*, é usado nos campos da psicologia e da neurociência para contextualizar como o cérebro opera, especificamente como reconhecemos, percebemos e compreendemos o conhecimento, os pensamentos e as emoções por meio de sentidos individuais. Sua consciência é sua percepção de si mesmo e do mundo ao seu redor. Ela é singular a cada indivíduo. Isso significa que todo mundo tem a própria maneira de perceber eventos, dados, objetos, memórias, sensações e sentimentos. Processamos tudo isso por meio da cognição, que é como o nosso cérebro decodifica o que estamos experienciando em uma informação útil que nos permita alcançar um entendimento sobre o que está acontecendo ao nosso redor.

Todo mundo tem um processo cognitivo diferente, além de forças e fraquezas cognitivas, de modo que não existem duas pessoas que percebam a mesma situação exatamente da mesma maneira. É mais do que provável que você não tenha o mesmo cérebro ou a mesma química cerebral em cada uma de suas vidas, o que quer dizer que o seu modo de perceber o mundo não é só único a você, mas também único à sua existência atual.

Ainda está em discussão na comunidade científica se a consciência e a cognição são um resultado direto do cérebro em operação, uma vez que a consciência é uma experiência subjetiva e funciona de maneira diferente para cada um. Um robô consegue detectar dados como cor, textura, tom de voz, temperatura e assim por diante, mas a consciência descreve os sentimentos e as atitudes que temos sobre o que percebemos. Somos individualizados em um nível neurológico, o que é um processo mais complicado do que simplesmente ondas cerebrais fazendo o seu trabalho. Talvez a consciência não esteja conectada à cognição e seja um processo totalmente à parte.

Não existe jeito certo de pensar ou ser.

Podemos pensar na consciência como uma janela individual para o mundo baseada nas diversas experiências de muitas vidas passadas. Pode ser que aquilo que nos dá esse filtro singular tenha chegado até nós por meio das vidas passadas. Nossas experiências são simultaneamente universais, inerentemente humanas e singulares. Talvez o que chamamos de consciência seja um construto de estar em um corpo, com um cérebro, e seja só como vemos as coisas enquanto estamos encarnados. Essa consciência não é o nosso corpo nem as nossas circunstâncias, mas também não é o nosso "eu" permanente.

Algumas pessoas denominam a nossa parte eterna como "eu superior" ou "eu autêntico". Eu costumo chamá-la de "Eu" com um E maiúsculo, o que a diferencia do eu com inicial minúscula, que é como nos vemos enquanto humanos no planeta Terra. Gosto de todos esses termos por diferentes motivos. O eu autêntico implica uma genuinidade que reflete nossa verdadeira natureza e nos lembra de que nosso corpo físico e nosso eu com inicial minúscula são, em última instância, uma falsa identidade. A ideia de um eu superior destaca esse ideal elevado e representa a melhor, mais sábia e evoluída parte de quem somos. Você também pode já ter ouvido essa parte sendo chamada de espírito, o que não só leva em consideração a existência de uma vida após a morte como também empresta um componente espiritual que nos lembra de quão profunda e significativa é nossa jornada. Dito isso, prefiro chamá-la de *alma*.

Nossos corpos de vidas passadas não podem ser quem somos porque viraram pó. Nossas circunstâncias, histórias e relacionamentos são passageiros e temporários. Quando desapegamos, podemos descobrir a parte de nós que é permanente. Recuperar memórias de suas vidas passadas não só lhe dá *insights* e perspectiva da vida que você está vivendo agora, mas também lhe ajuda a descobrir a parte de si mesmo que você sempre carregou, a parte que morreu e renasceu inúmeras vezes.

Ao explorar suas vidas passadas, você também pode descobrir sua alma.

A prática antiga de encontrar maneiras de experienciar a dissociação do eu físico para descobrir sua natureza eterna tem raízes em quase todas as culturas da Terra. Ela chegou à cultura dominante por meio de meditação, entoação, percussão, questionamento dos próprios pensamentos, respiração, mantras, trabalho de jornada xamânica, psicodélicos e plantas medicinais, trabalho com os sonhos, anotações em diário, rituais como acender uma vela, queimar fumaça sagrada – e explorar suas vidas passadas.

Essas são só algumas das maneiras pelas quais você pode se afastar da sua mente pensante ou da parte de você que se identifica com a ideia de que o eu é seu corpo ou suas circunstâncias. Quando conseguimos nos desapegar dos nossos eus físicos, podemos nos tornar testemunhas e observadores, e assim descobrir nossa verdadeira natureza.

Nossa alma é nossa verdadeira natureza e quem *realmente* somos.

Xamãs e curandeiros de muitas culturas e origens usam uma técnica curativa chamada de "resgate da alma", que vem da ideia de que quando você experiencia algo intenso, com frequência na infância ou em vidas passadas (ou em ambas), as emoções são uma assinatura energética que você pode carregar após a morte e levar para a próxima vida. Se essa experiência foi traumática, triste ou perturbadora, é possível que um pedaço de sua alma tenha ficado para trás.

Curandeiros antigos sabiam que essa fragmentação da alma causava sintomas como depressão, ansiedade e vícios.

Compreendiam que qualquer cura imprescindível ao corpo e à mente também era necessária para o espírito, porque essas três facetas estão intrinsicamente ligadas.

Quando você retorna a essa experiência passada, sentindo as emoções que surgiram e permitindo que aflorem da sua mente inconsciente, está encontrando aquele pedaço perdido da sua alma e devolvendo-o a si mesmo. Assim que esses fragmentos forem devolvidos e os danos que você sofreu como aquela pessoa forem examinados, você poderá se curar.

Não precisei de muito tempo para entender que era isso que eu estava fazendo com meus clientes: possibilitando que eles mergulhassem em sua mente inconsciente e resgatassem partes de si mesmos que haviam abandonado, esquecido ou negado para se tornarem inteiros novamente.

A parte desse processo que sempre pareceu profunda é exatamente a rapidez com que a cura acontece, apenas com a compreensão de que aquilo que você experienciou foi uma vida passada. Embora essa vida passada estivesse enterrada no seu inconsciente, os eventos dela ainda têm um impacto. Isso também sugere que, sem descobrir nossas vidas passadas, jamais poderemos estar totalmente curados ou completos. Essas partes de nós mesmos que estão no lugar errado compõem um todo maior, e encontrá-las pode escavar nossa verdadeira identidade para nos permitir saber quem realmente somos: uma alma, e não um corpo.

Quando você acolhe suas vidas passadas, tem uma chance de se conhecer em um nível mais profundo. Você consegue ver que é antigo e sábio, que passou por muitos desafios. Você tem uma história que se estende por séculos e já viveu e morreu de muitas maneiras.

Mais importante, você começa a ter compaixão por si mesmo. Você identifica seus próprios padrões, olha para as lições que aprendeu e considera os desafios que superou. Pode apreciar o quanto já percorreu, na condição de alma que escolheu reencarnar para crescer. Essa mudança de perspectiva também lhe permite entender a si mesmo como uma alma que ainda está aprendendo. Sua alma é permanente, mas também está sempre evoluindo.

Anos atrás, uma das minhas clientes experienciou uma vida passada na qual havia sido algo que se parecia com um ser humano primitivo. Ela se lembrou de viver com sua mulher e um bebê recém-nascido em uma caverna e sentiu um amor intenso por sua família e um desejo duradouro de mantê-los a salvo. Quando um estranho entrou na caverna, a presença dele a assustou tanto que ela reagiu imediatamente e o matou com uma lança. Depois disso, ela chorou e sentiu remorso por ter tirado a vida desse homem.

Ao olhar para essa memória de dezenas ou mesmo centenas de milhares de anos atrás, ela agora percebia que provavelmente o sujeito estava apenas com fome e que ela poderia facilmente ter dividido sua comida com ele.

Apontei que, desde aquela experiência, ela aprendeu muitas lições ao longo de muitas vidas que fizeram dela a pessoa que ela é hoje: uma amiga bondosa e generosa, que se voluntaria regularmente na cozinha solidária da vizinhança e se dedica a ajudar quem precisa. Ela estava se julgando por algo que fez na Idade da Pedra, o que seria como ficar bravo com um aluno da educação infantil por não saber a álgebra do ensino médio. Com nosso trabalho, ela pôde ver que, com o passar do tempo, ela se tornou uma pessoa mais bondosa e amorosa, e desenvolveu compaixão por si mesma e pelo processo por meio do qual sua alma vem aprendendo.

As lições que estamos aqui para aprender na escola da vida têm a ver com compaixão, bondade, empatia e maneiras de servir à humanidade. Esse é o "porquê" por trás da reencarnação. Sua alma está aqui para aprender a amar. De fato, o amor é nosso propósito e nossa missão. Isso inclui o amor-próprio, porque somos desafiados a estabelecer melhor nossos limites e a nos colocar em primeiro lugar quando precisamos. Também é sobre aprender a receber amor.

Ao rastrear suas vidas passadas e conhecer a si mesmo em um nível de alma, você poderá ver que a razão pela qual escolheu reencarnar foi ter a oportunidade de dar e receber amor. O amor é o motivo de estarmos aqui. Conhecer sua alma pode ajudá-lo a tomar consciência desse propósito e a se dedicar mais à realização desse trabalho vital.

Existem muitas maneiras de amar, e como escolhemos relacionamentos diferentes com nossas almas gêmeas durante muitas vidas, podemos explorar todas as suas dimensões na forma humana. Como já vimos, você pode ter uma filha que um dia foi sua mãe, um marido que foi seu irmão, irmã ou amigo. Existem o amor romântico, o amor familiar, a amizade e a admiração.

Nós reencarnamos para experienciar todas essas versões e aprender com elas. Quando você toma consciência de que é uma alma cuja missão é o amor, esse conhecimento dá cor a cada uma de suas interações com os outros. Ele informa cada decisão que você toma, cada pensamento que tem e cada ação que realiza.

Quando entende que não é seu corpo, suas circunstâncias ou as dificuldades pelas quais passou, você começa a ver apenas as semelhanças entre as pessoas. Isso ocorre porque a experiência de ser humano é essencialmente a mesma em todos os lugares.

## FERRAMENTAS PARA DESENVOLVER

### ABERTURA DO CHACRA CARDÍACO

Você sabia que é possível não apenas sentir amor, mas também experienciá-lo?

O chacra cardíaco é o centro de energia por meio do qual damos e recebemos amor, além de ser como compartilhamos o amor em um nível vibracional conosco e com os demais.

Quando aprendemos a abrir nosso chacra cardíaco, temos a chance de experienciar como é o amor em um nível energético.

Esse amor não é só limitado ao amor romântico ou ao amor que compartilhamos com nossa família e amigos. O chacra cardíaco é a fonte de um amor espiritual e divino, o amor por todos os seres.

Você está animado? Vamos fazer uma tentativa.

Comece sentando-se confortavelmente e coloque as duas mãos sobre o peito, bem na altura do seu esterno, localizado na parte anterior do tórax.

Respire fundo algumas vezes. Comece usando sua imaginação para visualizar que suas mãos estão emanando uma vibração que começa a se mover em um padrão circular.

Sentado, concentre-se nesse movimento espiralado, circular, sobre seu peito, logo abaixo das palmas das suas mãos.

Essa energia está abrindo seu chacra cardíaco. Observe:

Que sensações você sente?

O que você vê ou sente por trás dos seus olhos fechados?

Há alguma cor ou padrão?

Quais emoções surgem enquanto você se concentra nessa energia circular, espiralada?

Passe o tempo que quiser sentado aqui, usando suas mãos para abrir seu coração, permitindo que a energia que emana extravase o quanto você quiser.

Você pode fazer esse exercício de abertura do chacra cardíaco quantas vezes desejar ou conforme for necessário para se sentir conectado à fonte energética do amor que nos rodeia e está dentro de nós.

Descobrir sua alma pode revelar a você que, sob a pele de cada pessoa e das vidas em que elas nasceram, em essência, somos todos iguais. Estamos todos na mesma jornada, ao longo de muitas vidas, para aprender e crescer.

Quando descobre essa verdade, você também consegue ver que o comportamento e as escolhas feitas por você e pelos outros são ou tão amorosas quanto possível ou, de alguma maneira, deficientes em amor. Essa mudança de percepção leva inúmeras vidas para ser dominada, então tenha calma com você mesmo. Todos nós estamos fazendo o melhor que podemos e operando de onde estamos hoje.

O amor sobrevive à morte. Ao longo de muitas vidas, podemos finalmente descobrir um amor em nível pessoal e coletivo que vive na nossa alma. Esse amor não exige nada de nós, porque o amor em nível de alma simplesmente *é* e não precisa ser conquistado.

O amor espiritual não é uma ação ou um ato, e sim uma forma de ser. Esse é o amor que pode e vai curar o mundo, e, quando você acessar essa fonte, vai descobrir que existe uma oferta infinita dele no universo.

Quando nos conectamos com nossa alma ou espírito, descobrimos nosso verdadeiro propósito, que é amar. Isso inclui tanto dar como receber amor. Muitos dos que aprenderam a dar amor livremente acabaram se tornando mártires ou entrando em relacionamentos ou dinâmicas codependentes. Aprender a aceitar o amor sem ser como troca de qualquer tipo de "ato" é um tipo de amor com uma vibração mais alta. Ele simplesmente é.

O amor é seu propósito e sua missão. O amor e seus ensinamentos são o motivo de você ter escolhido reencarnar e de ter se dado ao trabalho de voltar para a Terra, no corpo que escolheu e na família em que nasceu. O amor é o motivo de você passar por dificuldades, sofrer e superar para chegar aonde está hoje.

De fato, você *é* amor.

## MOMENTO MEDITATIVO

Encontre um lugar confortável para se sentar e reserve um momento para se conectar com seu corpo.

Sinta a superfície em que está sentado. Coloque as mãos sobre as coxas.

Respire fundo algumas vezes, preenchendo toda a sua cavidade torácica.

Coloque as duas mãos no centro do peito, logo acima do chacra cardíaco.

Perceba o que está sentindo – talvez um formigamento, uma vibração ou um calor.

Concentre-se em alguém próximo, alguém que ama profundamente.

Envie para essa pessoa um raio de luz imaginário que sai do seu peito. Pode ser de qualquer cor ou combinação de cores.

Observe a pessoa recebê-lo. Observe como ela se sente com a sua luz.

Pense em todas as pessoas de quem você gosta: familiares, amigos, colegas de trabalho, vizinhos e todo mundo que faz parte da sua vida, que você ama e com quem se importa.

Envie a elas um raio de luz do seu peito, e assista a cada uma delas recebê-lo.

Observe qual é a sensação de enviar essa luz tão cheia do seu amor.

Agora, envie essa mesma luz para todos da sua cidade.

Você não conhece a maioria dessas pessoas, mas todas elas fazem parte da sua comunidade.

Envie essa luz e esse amor para todas elas.

Agora, expanda essa luz para todos os habitantes do seu país, independentemente de onde morem, de quem sejam ou do que acreditem.

Envie a eles essa luz de amor.

Não deixe ninguém de fora. Cubra a todos com essa luz que emana do seu peito.

Agora, quero que você imagine que está cobrindo todo o planeta e todos os seres vivos com essa linda luz que vem do seu peito.

Mande seu amor para todos os seres e sinta como é recebê-lo.

Agora que você enviou essa luz para todos, em todos os lugares, imagine que ela está sendo irradiada de volta para o seu próprio peito.

Essa infinita e incrível fonte de luz de amor está voltando para você.

Sinta essa luz entrar em você e preencher todo o seu ser.

Perceba quais emoções afloram e como é receber essa linda luz cheia de um amor belo, puro, divino e espiritual.

capítulo 12

# NÃO SE TRATA DE QUEM VOCÊ É, MAS DE QUEM PODE SE TORNAR

Nós, seres humanos, temos um fascínio de longa data com o futuro. Queremos saber o que vai acontecer amanhã, na semana que vem, no mês que vem e no ano que vem.

Estamos conversando sobre vidas passadas e como elas nos impactam hoje, no presente. Mas será que o nosso passado tem algo a ver com o nosso futuro? De que maneira ele influencia nossos próximos passos?

Acredito que boa parte do nosso fascínio pelo futuro e as tentativas de decifrar informações sobre eventos que ainda estão por vir decorrem daquele mesmo medo do desconhecido que discutimos em relação à morte. Temos um desejo inato de sentir que estamos no controle e de acalmar nossa ansiedade sabendo o que esperar e prevendo o que vai acontecer no futuro.

Mas o futuro ainda não foi determinado.

Estamos constantemente criando o futuro, com base em nossas escolhas, de modo que o futuro é, na verdade, algo que podemos controlar. É você mesmo quem faz seu futuro.

Ouvimos com frequência que, se quisermos conhecer o futuro, primeiro precisamos estudar o passado. Ao examinarmos a história, passamos a entender como ela moldou nossa realidade atual. Podemos avaliar o quanto as coisas mudaram ao longo do tempo, observar o que não evoluiu e identificar os pontos em que estamos presos ao passado.

A história nos permite olhar para o nosso passado de forma crítica e também construtiva, para vermos onde erramos, o que funcionou ou não. Ela pode iluminar áreas em que podemos melhorar, nos ajudar a definir metas e permitir traçar um caminho em direção ao futuro que gostaríamos de ter.

Isso se aplica tanto à nossa história individual quanto à coletiva e social. De muitas maneiras, as vidas passadas são a chave para entender o futuro e, também, para onde estamos indo como comunidade, país e parte da humanidade.

Descobrimos que você não é um corpo, e sim uma alma. Sua história de vidas passadas nos ensinou que você não é o que acontece com você ou qualquer uma das circunstâncias de sua vida. Suas vidas passadas mudaram sua maneira de olhar para quem você é e reformularam sua identidade.

Você também descobriu a verdade sobre a identidade dos outros – que cada indivíduo na Terra é essencialmente igual: uma alma eterna em uma jornada através de muitas vidas, aprendendo a amar e se tornando um ser humano melhor.

Suas vidas passadas e suas memórias de vidas passadas revelaram que qualquer um dos pensamentos ou ideias que você tinha anteriormente de que alguém é "outra" pessoa com base em sua aparência, gênero, raça, país de origem, idioma ou situação econômica simplesmente não é verdade.

Essa transformação em sua perspectiva pode dar origem a um novo sistema de crenças, que pode impactar, e de fato impacta, as escolhas que você faz. Essas escolhas estão forjando seu futuro com base em suas atitudes e crenças em evolução.

## PARA FAZER PENSAR

Pense em uma época na qual seus pensamentos e atitudes impactaram uma escolha que você fez.

Se você tivesse feito uma escolha diferente, como isso teria mudado seu futuro?

É verdade que nosso desejo de conhecer o futuro para que possamos nos sentir no controle de nossas vidas criou a prática bastante difundida de encontrar maneiras de obter essas informações. Ela nos leva a buscar indivíduos que consideramos especialistas no campo de saber o que está por vir, como médiuns e videntes, além de objetos tidos como proféticos. Essa prática de adivinhação é antiga e pode ser remontada a todas as culturas da Terra.

O exemplo mais famoso de vidência no mundo antigo é o Oráculo de Delfos, localizado no Templo de Apolo, no Monte Parnasso, na Grécia. Os visitantes do Oráculo encontravam a Pitonisa, a suma sacerdotisa, e eram convidados por ela para uma sessão de perguntas e respostas que resultava em uma profecia ou opinião dela sobre o futuro da pessoa que fazia a pergunta. O Oráculo ficou ativo por quase mil e duzentos anos, do século 8 a.C. até 393 d.C., quando o imperador cristão Teodósio I ordenou o fechamento de todos os templos pagãos.

Durante esse período, atribuía-se a Oráculo e às suas profecias um grande prestígio, e eles foram amplamente mencionados por escritores como Plutarco, Ovídio, Sófocles, Platão e Aristóteles, para citar apenas alguns. Arqueólogos hoje acreditam que o Oráculo estava localizado em uma fissura vulcânica e que a Pitonisa tinha visões em um estado alterado de consciência, induzido pela inalação das emissões de gás. (Não tente fazer isso em casa.)

O uso de objetos para adivinhar o futuro está em práticas como astrologia, quiromancia, numerologia e cartomancia, que é o uso de cartas como o tarô. Algumas culturas também praticam a piromancia, o uso do fogo para ver o futuro; a geomancia, ou o uso de marcas e linhas na terra ou em pedras; e o extispício, que se refere à arte profética de ler as entranhas de animais.

Essas formas de adivinhação são tão antigas quanto o desejo de conhecer o futuro. Algumas delas, aliás, são tão antigas que é praticamente impossível encontrar suas origens.

Acredita-se que a astrologia tenha se originado na Mesopotâmia ainda no terceiro milênio antes de Cristo. O I Ching, ou "Livro das Mutações", escrito por volta de 2800 a.C. – quase 350 anos antes da construção da Grande Pirâmide de Gizé, de Quéops –, é um sistema de símbolos criado para encontrar ordem em eventos aparentemente aleatórios e uma ferramenta para prever o futuro. Os nórdicos faziam adivinhações por meio da leitura de runas ou pedras rúnicas. E a leitura de folhas de chá tem origem na Grécia antiga, no Oriente Médio e na Ásia.

Nossa obsessão coletiva com a previsão do futuro continua bem viva. Mas a verdade é que não existe *um* futuro a ser previsto: o futuro muda em um instante porque nós sempre temos escolhas a fazer. Como podemos fazer uma nova escolha a qualquer momento, temos o poder de mudar o futuro.

Isso significa que mesmo o intuitivo mais talentoso pode prever, na melhor das hipóteses, um futuro possível ou talvez até mesmo provável. Criamos o futuro com nossas escolhas, a cada minuto de cada dia. As possibilidades são infinitas. Que fique claro que não estou desmerecendo a prática de consultar videntes, mas saiba que ninguém pode lhe dizer com 100% de precisão o que vai acontecer.

Você cria o futuro com cada pensamento, ação e ato. Só você decide qual caminho tomar.

É verdade que algumas coisas simplesmente acontecem. Não podemos evitar que desastres naturais ou eventos cataclísmicos ocorram, e não podemos controlar as ações dos outros. O presente, assim como o futuro, também pode ser diretamente impactado pelas escolhas das outras pessoas. Mas, apesar da nossa impotência diante de algumas coisas que se apresentam em nossas vidas, sempre podemos escolher como reagir a elas.

Um conceito que muitos de nós associamos à ideia de conhecer o futuro é o de sina. Trata-se da ideia de que o futuro está fora do nosso controle e é uma entidade fixa e, portanto, cognoscível. Mas a força motriz que molda nossa vida não é a sina, e sim o *destino*. "Destino" capta a ideia de que somos participantes ativos no nosso futuro e implica a existência de um elemento criativo nele, já que podemos moldar os eventos de nossas vidas. "Destino" também implica um propósito mais elevado em relação a esses momentos em que a estrada se bifurca e nossas escolhas nos levam a uma vida que representa a qualidade dessas decisões.

## CAVE MAIS FUNDO

Quero que você pense em uma época em que agiu para evitar um resultado ou consequência que considerou indesejável.

O que você fez para mudar o futuro?

Como essa experiência mudou a sua maneira de olhar para a vida ou para o modo como o futuro se desenrola?

Essa experiência fez você se sentir empoderado para traçar o próprio futuro?

De fato, a palavra *destino* significa "fixar ou determinar", como a palavra em inglês *destination*, que é um lugar aonde chegamos depois de traçar uma rota e determinar aonde gostaríamos de ir. Também acredito que destino significa construir um futuro que represente o maior potencial para você nesta vida.

Agora que você sabe sobre suas vidas passadas, como isso muda o seu futuro? Como esse novo conhecimento e essa nova identidade influenciam as escolhas que você faz? De que maneira conhecer suas vidas passadas pode mudar seu destino?

Existe uma citação maravilhosa atribuída a Carl Jung que diz: "Até que você torne o inconsciente consciente, ele vai dirigir sua vida e você chamará isso de destino". Essa frase destaca exatamente como nossas vidas passadas podem transformar nosso futuro, porque, mesmo muito antes de você tomar consciência de suas outras vidas, elas já existiam em seu inconsciente. A mente inconsciente é poderosa porque controla pensamentos e ações. Então, quando você tira suas vidas passadas das sombras e as torna conscientes ao se lembrar delas, elas deixam de ser a força propulsora por trás das escolhas que você faz.

Imagine que você teve uma vida passada em que sofreu uma decepção e uma mágoa significativas. Embora isso não faça parte da história *desta* vida, você ainda carrega essa mágoa consigo, e ela pode estar causando sentimentos de depressão, desamparo e isolamento em relação aos outros, especialmente possíveis parceiros amorosos. A ferida de suas vidas passadas continua se manifestando sem solução.

Quando você rememora uma vida passada e enxerga de onde estão vindo os sentimentos de mágoa, você entende que sua tristeza não é motivada por nada que esteja acontecendo agora e pode mudar seu comportamento com base nesse conhecimento – e talvez abrir seu coração para encontrar o amor.

Talvez então você encontre alguém. Você cultiva uma bela conexão que se transforma em um compromisso de uma vida que lhe traz paz e alegria. Ao escolher se abrir para o amor e tornar seu inconsciente consciente, você consegue mudar o seu futuro e se colocar em um caminho inteiramente novo.

Cada um de nós está evoluindo e crescendo. Estamos nos tornando, aos poucos, mas certamente, versões melhores e mais amorosas de nós mesmos. Da mesma forma que podemos mudar a maneira como olhamos para nós mesmos e para os outros ao tomar consciência de que todos nós somos almas que reencarnaram em diferentes corpos e formas, também podemos mudar nosso comportamento. Conhecer nossas vidas passadas significa que podemos transformar em realidade um novo futuro para nós mesmos, para nossos entes queridos e, em última instância, para nossa humanidade coletiva.

Eu já disse que se todo mundo, em todos os lugares, realmente entendesse como funciona a reencarnação, a paz mundial seria uma consequência disso. Se todos entendêssemos que não somos um corpo, mas sim uma alma, seríamos capazes de conceber uma sociedade com igualdade, compreensão, aceitação e amor.

Sei que esse é um objetivo ambicioso, especialmente porque estamos muito aquém desses ideais. Muitas vezes, parece que tudo o que vemos são atos de guerra, ódio, preconceito, violência e desunião. Mas eu realmente acredito que explorar suas vidas passadas e abrir a mente e o coração para a ideia de que somos todos almas em uma jornada através de muitas vidas é o primeiro passo para que esse novo mundo se transforme em realidade.

## TRABALHO DOS SONHOS

Quero que você defina uma intenção antes de ir para a cama esta noite e invoque um sonho que mostre uma versão futura de você.

Pode ser mais para a frente nesta vida ou em sua próxima vida. Peça inspiração aos seus guias espirituais, ou ao seu eu superior, ou à sua mente inconsciente – escolha a fonte que quiser.

Então peça que eles permitam que você veja um pouco à frente, no futuro.

Registre a experiência:

O que estava acontecendo?

O que mudou desde então?

Que perspectiva essa olhadela no futuro lhe dá?

Você gosta desse futuro? É um futuro que você escolheria para si mesmo se pudesse?

Se você não gosta do que vê, o que precisa mudar hoje para ajustar sua trajetória?

Suas vidas passadas abriram uma janela para você, sua vida, as pessoas e os eventos em sua vida, e o significado e propósito da própria existência. Vemos que em nossas vidas passadas todos fomos vítimas e perpetradores, mas que, ainda assim, tivemos momentos de beleza e coragem. Nós nos vemos como uma alma. Vemos os outros como uma alma. E podemos fazer escolhas para nós e para os outros que sejam mais amorosas e compassivas.

Agora que sabe que *você* cria o futuro, para onde deseja ir?

Quem você deseja se tornar?

Quando descobrimos nossas vidas passadas, descobrimos que somos muito mais do que pensávamos ser. Já fomos velhos e sábios inúmeras vezes, e, quando relembramos nossas memórias, essa sabedoria se torna útil hoje.

## HORA DO DIÁRIO

Pegue seu diário.

Imagine uma versão futura de si mesmo.

Talvez essa versão seja você daqui a muitos anos nesta vida, ou talvez você possa imaginar que reencarnou em sua próxima vida.

Seja como for, descubra uma versão futura de você.

Escreva quem você se tornou.

Que tipo de pessoa você é?

Como contribui para o mundo?

Escreva uma carta para o seu eu atual a partir do seu eu futuro.

Você deve se dirigir a si mesmo da maneira que quiser, mas a carta deve se concentrar em conselhos sobre quais escolhas você deve fazer para chegar ao seu eu futuro.

Diga a si mesmo como chegou onde está:

O que você fez, consertou ou mudou? Do que precisa desapegar para se tornar quem vai se tornar?

O que precisava permitir que entrasse em sua vida?

Seja o mais detalhista possível.

Todos nós podemos decidir abraçar o conhecimento de que a vida na forma física tem desafios, lições e crescimento, e podemos encontrar paz em saber que escolhemos tudo isso porque queremos melhorar. Decidimos estar na Terra aqui e agora. Sim, estes são tempos desafiadores. Mas acredito que esta era da nossa história como raça humana é crucial e que estamos sendo chamados a dar um passo mais adiante em nossa evolução.

Você se voluntariou para ser parte disso, e se voluntariou até mesmo para colocar a sabedoria que conquistou a serviço de elevar a consciência do planeta. Você foi feito para estes tempos, e todas as suas vidas passadas e as suas versões anteriores o trouxeram para este momento.

Abraçar sua nova identidade como um ser eterno, belo, divino, sábio e amoroso que decidiu reencarnar como ser humano por um tempo pode ajudá-lo a viver essa verdade. O conhecimento que você acaba de obter pode dar um empurrãozinho na nossa trajetória coletiva rumo a um mundo de paz e compreensão da nossa humanidade compartilhada. Todos os seus pensamentos, ações e feitos vão repercutir e inspirar os outros.

Não precisamos esperar a morte para reencarnar. A cada dia temos uma chance de renascer. Estou certa de que muitos de vocês que me leem agora se identificam com a ideia de ter uma "vida passada" nesta vida, porque até mesmo olhando para trás, para o seu eu mais jovem, conseguem enxergar o quanto cresceram. Pode até parecer que vocês nem reconheçam aquela pessoa.

Na condição de almas que habitam um corpo humano, nosso superpoder está na capacidade de transformação.

Nunca ficamos presos ou estagnados, mas, como tudo na natureza, estamos constantemente passando por ciclos de transformação. Estamos morrendo e renascendo todos os dias. É importante lembrar que qualquer mudança no nosso coletivo, ou no mundo que estamos criando, sempre começa por nossa própria transformação.

E então, agora que você sabe quem é, como você vai reencarnar?

# AGRADECIMENTOS

Gostaria de começar agradecendo aos muitos clientes incríveis com os quais tive o privilégio de trabalhar ao longo dos anos. Sou muito grata pela oportunidade de testemunhar sua jornada de cura, e foi uma verdadeira honra estar presente com vocês. Obrigada por confiarem em mim e por me permitirem aprender com vocês. Este livro não teria sido possível sem todos vocês.

À minha extraordinária agente, Laura Mazer. Obrigada por me ver, me apoiar e cuidar de mim durante esse processo. Serei eternamente grata por sua sabedoria, sua tenacidade e por você ter acreditado em mim e na minha mensagem. Sou muito abençoada por ter você do meu lado.

E à minha maravilhosa editora, Nina Shield, e a todos na TarcherPerigee. Sou tão grata por sua orientação, edição cuidadosa, criatividade e visão, e por me ajudarem a dar vida a este livro.

Não há palavras para expressar minha gratidão ao Dr. Brian L. Weiss e a Carole Weiss. Obrigada por me abrirem a porta para um mundo completamente novo, por me mostrarem que existe magia acontecendo todos os dias e pelo seu amor e apoio contínuos ao longo dos anos. E obrigada a Amy E. Weiss, por seu incentivo infinito. Sua amizade é muito importante para mim e eu a estimo profundamente.

Sou muito grata à minha "equipe de apoio", meus pais, que sempre me apoiaram, apesar de nem sempre me entenderem.

À minha melhor amiga e irmã de alma, Jody, que está sempre ao meu lado com seus bons conselhos e perspectiva centrada.

E à minha irmã, Rebecca, minha companheira de vida desde o primeiro dia. Obrigada por desafiar continuamente meus pontos de vista, por me fazer rir como ninguém mais consegue, e pelo seu amor incansável e apoio intenso.

Para Jules, obrigada por seu apoio e incentivo constantes, por ser meu espelho, por me guiar. Sua opinião, sabedoria e perspectiva não só me ajudaram a dar forma à mensagem deste livro, mas também me ajudaram a descobrir a pessoa que quero me tornar. Sou infinitamente grata por você e por sua presença na minha vida.

E, finalmente, mas não menos importante: aos meus filhos, Skyler e Jesse. Obrigada por me escolherem para ser a sua mãe, por me ajudarem a aprender e crescer e por sempre me amarem incondicionalmente. Vocês dois me inspiram diariamente a me tornar a melhor versão de mim mesma e me trazem muita alegria. Eu amo vocês dois mais do que tudo.